Izabela Luiza Jahn

Weisheit

Impressum

Bibliografische Information der Deutschen Nationalbibliothek:
Die Deutsche Nationalbibliothek verzeichnet diese Publikation in der Deutschen Nationalbibliografie; detaillierte bibliografische Daten sind im Internet über http://dnb.dnb.de abrufbar.

© 2023 Izabela Luiza Jahn

Umschlagfoto: Izabela Luiza Jahn

Herstellung und Verlag: BoD – Books on Demand, Norderstedt

ISBN: 978-3-7386-4315-2

„Die Weisheit kommt mit dem Alter. Zu manchen Menschen kommt das Alter aber allein." - Miłosz Brzeziński

VORWORT

Weisheit fällt nicht vom Himmel. Sie kommt nicht durch Zeitablauf. Fachwissen ist von Nöten, um durch das Leben zu kommen, aber Weisheit ist mehr:
„Weisheit (engl. wisdom, altgr. σοφία, lat. sapientia, hebr. hokhmah) bezeichnet vorrangig ein tiefgehendes Verständnis von Zusammenhängen in Natur, Leben und Gesellschaft sowie die Fähigkeit, bei Problemen und Herausforderungen die jeweils schlüssigste und sinnvollste Handlungsweise zu identifizieren.

Es gibt mehrere Definitionen und Konzepte von Weisheit, die sich in der Regel in den Spannungsräumen zwischen Rationalität und Intuition, Wissen und Glauben sowie zwischen Erfahrung und Instinkt bewegen. Weitgehende Übereinstimmung herrscht in der Ansicht, dass Weisheit von geistiger Beweglichkeit und Unabhängigkeit zeugt: Sie befähigt ihren Träger, systematisch Dinge

- zu denken („eine weise Erkenntnis", „ein weiser Entschluss", „ein weises Urteil"),
- zu sagen („ein weises Wort", „ein weiser Rat") oder
- zu tun („ein weises Verhalten"),

die sich in der gegebenen Situation als nachhaltig sinnvoll erweisen. Dies geschieht häufig unter Vermeidung störender Einflüsse, wie beispielsweise dem eigenen Gefühlszustand oder gesellschaftlichem Gruppenzwang. Bei näherer Betrachtung und umfassender Würdigung aller Umstände, manchmal auch erst mit zeitlichem oder räumlichem Abstand, erweisen sich diese Überlegungen, Äußerungen und Handlungen jedoch als „richtig", zutreffend oder „wahr". Entsprechendes gilt für Worte und Handlungen, die der Weise nach reiflicher Überlegung nicht ausspricht oder tut (vgl. „Si tacuisses, philosophus mansisses"). Weisheit wird zu den Kardinaltugenden gezählt."[1]

Meine sagt mir gerade, ich sollte das Thema eher fallen lassen, denn was weiß ich schon. Mit Sokrates gesprochen: „Ich weiß, dass ich nicht weiß". Und deswegen wird das hier eine Sammlung weiser Geschichten, die gewiss nicht von mir sind. Ich bin doch nicht blöd.

Gefolgt von Dingen, die ich dank meiner Dummheit schmerzhaft gelernt habe. Lesen Sie selbst.

**DIE
GESCHICHTEN**

Es gibt nur ein Anzeichen für Weisheit: Gute Laune, die anhält.
- Michel de Montaigne

Nach der zuvor genannten Definition haben wir es in dem Falle sicherlich nicht mit einem „glückseligen Idioten" zu tun, der nichts versteht, dadurch aber wenig Kummer hat. Ein weiser Mensch versteht und weiß wohl, dass das Leben schwer ist und seine Bürden hat und unweigerlich auch Schmerz bringt. Er weiß aber auch, dass, wie Buddha sagte, der Schmerz unvermeidlich ist, das Leiden aber optional. Wenn ich den Schmerz nicht loslasse und mit ihm ringe und ihn als große Ungerechtigkeit empfinde, die Haare raufe und „warum ich?" klage, dann erschaffe ich das Leiden.
Es ist also eine Frage der inneren Geisteshaltung zu den Dingen. Auch der Fähigkeit, im Schatten das Licht zu sehen, d.h. auch in „schlechten Zeiten", die darin dennoch unweigerlich schönen Momente wahrzunehmen und anzuerkennen. Sich an „Kleinigkeiten" zu erfreuen: an der Natur, einer freundlichen Geste, daran am Leben zu sein, dass Wasser aus der Leitung kommt, dass wir in Kontinentaleuropa ein privilegiertes Leben führen.
Die Dinge nicht als selbstverständlich oder als Geburtsrecht zu nehmen, erweist sich als sehr hilfreich, sie mit Dankbarkeit zu betrachten. Wenn Sie erkennen, was für ein großes Geschenk all das ist, wie könnten Sie noch schlechte Laune haben?

Ich erinnere mich leider nicht mehr, wer das sagte, aber sinngemäß hieß es: „Wenn Sie seine Heiligkeit den Dalai Lama für 60 Sekunden sehen, dann haben Sie ihn mindestens drei Mal lachen gesehen…"
In diesem Sinne ; D

„Wie soll ich aber lachen, wenn um mich herum alles schlecht ist, wenn es nichts Gutes gibt, das zu mir überhaupt durchdringt, dass ich an mich heranlasse, wenn das Herz schwer ist und das Leben nur schwarze Ödnis?"

Dazu fällt mir die folgende Geschichte vom Ring des Königs ein:

„Ein König befragte einmal die Weisen an seinem Hof und sagte zu ihnen: „Ich lasse mir einen wunderschönen Ring machen. Ich habe die besten Diamanten, die man bekommen kann. Ich möchte in dem Ring eine verborgene Botschaft haben, die mir in Zeiten völliger Verzweiflung helfen kann. Sie muss sehr kurz sein, damit sie unter dem Diamanten des Rings verborgen werden kann." All die Weisen, all die großen Gelehrten hätten lange Abhandlungen darüber schreiben können. Aber ihm eine Botschaft zu geben, die nur zwei oder drei Worte enthielt und ihm in Zeiten größter Verzweiflung helfen würde... Sie dachten nach, sie schauten in ihre Bücher, aber sie konnten nichts finden. Der König hatte einen alten Diener, der ihm fast wie ein Vater war. Er war schon der Diener seines Vaters gewesen. Die Mutter des Königs war früh gestorben, und dieser Diener hatte sich um ihn gekümmert. Deshalb wurde er nicht wie ein Diener behandelt, und der König hatte großen Respekt vor ihm. Der alte Mann sagte: „Ich bin kein Weiser, bin nicht gebildet und nicht gelehrt, aber ich kenne die Botschaft. Es gibt nämlich nur eine Botschaft. Diese Männer können sie dir nicht geben. Nur ein Mystiker, jemand, der sich selbst erkannt hat, kann sie dir geben. Während meines langen Lebens im Palast bin ich allen möglichen Menschen begegnet, darunter einmal einem Mystiker. Er war bei deinem Vater zu Gast, und ich wurde ihm als Diener zugeteilt. Als er abreiste, gab er mir als Geste des Danks für meine Dienste diese Botschaft..." Und er schrieb sie auf einen kleinen Zettel, faltete ihn zusammen und sagte zum König: „Lies sie nicht jetzt. Halte sie in deinem Ring verborgen und öffne sie erst, wenn alles gescheitert ist, wenn es keinen Ausweg mehr gibt." Diese Zeit sollte bald kommen. Das Land wurde überfallen, und der König verlor sein Reich. Er musste auf seinem Pferd fliehen, um sein Leben zu retten, und die feindlichen Reiter verfolgten ihn. Er war allein; sie waren in der Überzahl. Er kam an einen Ort, wo er anhalten musste, weil der Weg zu Ende war – er stand an einer Klippe über einem tiefen Abgrund. Dort hinunterzufallen, wäre das Ende gewesen. Er konnte nicht zurück, weil dort die Feinde waren, und er hörte bereits die Hufe ihrer Pferde. Er konnte nicht vorwärts gehen, und es gab keinen anderen Weg. Plötzlich erinnerte er sich an den Ring. Er öffnete ihn, nahm den Zettel heraus, und darauf stand eine kurze Botschaft von sehr wertvoller Bedeutung. Sie hieß: „Auch dies wird vorübergehen." Während er den Satz las, wurde er ganz still. „Auch dies wird vorübergehen." Und es ging vorüber. Alles geht vorbei. Nichts ist beständig in dieser Welt. Die Feinde, die ihn verfolgt hatten, hatten sich wohl im Wald verlaufen, hatten wohl einen falschen Weg eingeschlagen. Nach einer Weile konnte er die Laute ihrer Hufe nicht mehr hören. Der König verspürte große Dankbarkeit gegenüber seinem Diener und jenem unbekannten Mystiker. Diese Worte hatten wie ein Wunder gewirkt. Er faltete den Zettel wieder zusammen, steckte ihn zurück in den Ring. Er sammelte seine Truppen wieder um sich und eroberte sein Reich zurück. Und der Tag, an dem er siegreich wieder in seine Hauptstadt einzog, wurde in der ganzen Stadt großartig gefeiert, mit Musik und Tanz. Er war sehr stolz auf sich selbst. Der alte Mann ging neben seinem Wagen her. Er sagte: „Auch jetzt ist es wieder der richtige Moment. Schau die Botschaft noch einmal an." „Was meinst du damit?" sagte der König. „Jetzt bin ich siegreich. Das Volk feiert mich. Ich bin nicht verzweifelt; ich bin in keiner ausweglosen Situation." „Hör mir zu", sagte der alte Mann. „Das hat mir der Heilige damals gesagt: Diese Botschaft ist nicht nur für Zeiten der Verzweiflung; sie ist auch für Zeiten der Freude. Sie gilt nicht nur, wenn du Verlierer bist. Sie gilt auch, wenn du Sieger bist; nicht nur wenn du der Letzte bist, sondern auch wenn du der Erste bist." Der König öffnete seinen Ring und las die Botschaft: „Auch dies wird vorübergehen." Und plötzlich überkam ihn derselbe Frieden, dieselbe Stille – mitten in der Menge, die jubilierte, feierte und tanzte. Sein Stolz, sein Ego waren verflogen. Alles geht vorüber. Er bat seinen alten Diener, in seinen Wagen zu kommen und neben ihm zu sitzen. Er fragte ihn: „Gibt es noch etwas? Alles geht vorüber... Deine Botschaft hat mir ungemein geholfen." Der alte Mann sagte: „Das Dritte, was mir der Weise damals sagte, war: „Vergiss nicht, dass alles vorübergeht. Nur du bleibst, du bleibst ewig als Zeuge."" [2]

Alle Momente des Lebens sind kostbar. Die schwierigen fördern unser Wachstum und unsere persönliche Entwicklung, wenn wir es zulassen. Die guten Momente werden auch vergehen, so dass wir sie in ihrer Einzigartigkeit schätzen sollten. Wichtig ist zu akzeptieren, dass nichts festgehalten werden kann, dass panta rhei gilt.

Was wir jedoch nicht tun sollten, ist es, unsere Monster zu füttern. Jemand war so freundlich, eine Mitschrift dieser wunderbaren Erzählung in der Version von Ajahn Brahm aus seinen Freitagsvorträgen zu erstellen. Es ist genau die Version, in der ich sie zuerst gehört habe, vorgetragen in der ihm besonderen Weise, die an sich schon ein Genuss ist: (deutsche Übersetzung im Anhang)

„So if you're sitting comfortably, I will tell you the story. A long time ago, in one of those times when there were palaces, not with politicians and dictators, but real emperors. Emperors who were there because they were smart, they were wise, they were strong and very effective rulers. And it just happened that the emperor was away on some sort of business. And in his absence, a monster came in. It was a demon. Ugly, frightening, terrifying. And because this monster was so frightening, all of the soldiers, guards and people who were supposed to stop visitors coming in at the wrong time - they froze in terror, allowing this monster to walk right into the centre of the palace, and sit on the Emperor's throne. And when that monster sat down on the Emperor's chair, that was going too far. So the guards came to their senses, said "Get out of here! You don't belong! Who do you think you are?! That is our Emperor's chair, you can't sit in there." And, at those few unkind words, and unkind deeds, that monster grew an inch bigger. More frightening, more smelly, and more offensive. And that really upset all the people in the palace. They got out their swords, they clenched their fists, "if you don't move your butt, we'll carve it out with our swords, get out of here! Quick!" But every unkind word, unkind deed, even unkind thought, the monster grew an inch bigger every time, more ugly, more stinky, and the language got worse. And this had been going on a long time, when eventually the Emperor came back. And he came back into his palace, into his throne hall, and he saw this incredibly big, frightening monster there. It was so big; it took up most of the throne room. Huge. Talk about fat and obese. That monster, I've got nothing on that monster. The only reason I'm putting on weight by the way is because Buddhism is expanding, so am I. Anyway, back to the monster. This was one fat monster. And, he was so ugly, I mean really frightening, as I said in the story, even the great Steven Spielberg, with all the resources of Dreamworks, could not manufacture something so frightening. I've never seen Alien. But people say that's the most frightening monster in the movies. Is it? I don't know, but this monster was hundred times as frightening as the Alien. It was terrifying. And as for the stench, coming off this monster, it smelled so bad that the maggots crawling over his body threw up - they were sick. They vomited. And the language, the language of this monster was worse, much worse, than you'd hear in Northbridge after the West Coast Eagles (an Australian football club) got beaten. It was one very sick monster. But, that Emperor, the reason he was the Emperor, was because of his great wisdom. He saw that terrifying, huge, stinky monster, and understood what to do. He said the wonderful word "welcome". Welcome monster. Thank you for coming. And at that, the monster grew an inch smaller. Less ugly, the maggots stopped throwing up, and his language got better. And the people around realized their mistakes. Instead of saying "get out", and getting angry, they started being kind to the monster. Welcome, you want something to eat? How about a pizza? Monster size. About three or four of them, got on the monster's feet to give him a foot massage. You've had a foot massage? Oh it's so rare getting a foot massage if you're a monster. That monster - "ooh, just over there a bit, ooh that's just right, there."And they gave him cups of tea as well. They said „do you want a cup of tea or a cup of coffee? You know we have; we have Dilmar, from Sri Lanka. We have peppermint, it's good for your health. " And there were ... you know one lump or two of honey. They were so kind to that monster. And every kind act, word or thought, the monster grew an inch smaller, less ugly, less smelly, less offensive.

And soon that monster was back to the size when he first came in. They didn't stop there. They carried on with their kindness so much, that soon that monster was so small, that one more act of kindness, and the monster vanished completely away. And that's how the monster was removed from the Emperor's palace. Not with "get out of here, you don't belong." But "welcome, thank you for coming. What can I do for you." The Buddha told that story, that's a real story, from the Uddana in the Tipitaka. Only I added in a few details like the pizza, that wasn't [in the original] ... same for the foot massage, I added that. But, the essence is there. The anger ... and the Buddha said, to the monks, he said, we call that an Anger-Eating Demon. And when I first read that I thought "wow". That's a powerful message, anger-eating demon. You give them anger, that's what they eat. That's what they grow with. That's how they become more powerful. That's what makes them bigger, stronger and more negative. They feed off your ill-will. And I've seen that so often, you know with people I've looked at and worked with. You give them the problem - anger, "get out of here, you don't belong."[3]

Geben wir acht, was wir in unserem Leben nähren, und wie es in uns selbst aussieht:

„Ein alter Mann saß vor den Toren einer Stadt. Alle Menschen, die in die Stadt gingen, kamen an ihm vorbei. Ein Fremder blieb stehen und fragte den alten Mann:
„Du kannst mir sicher sagen, wie die Menschen in dieser Stadt sind?"
Der Alte sah ihn freundlich an: „Wie waren sie dort, wo du zuletzt warst?" „Freundlich, hilfsbereit und großzügig. Sehr angenehme Menschen.", antwortete der Fremde. „Genau so sind sie in dieser Stadt!" Das freute den Fremden und mit einem Lächeln ging er durch das Tor.
Später kam ein anderer Fremder zum alten Mann. „Sag mir Alter, wie sind die Menschen in dieser Stadt?" Der Alte fragte auch ihn: „Wie waren sie dort, wo du zuletzt warst?" „Furchtbar! Unfreundlich und arrogant." Der alte Mann antwortete: „Ich fürchte, so sind sie auch in dieser Stadt!""[4]

Einstellung zu den Dingen ist alles. Wir müssen aber Obacht nehmen vor unserer Einstellung. Es ist erstaunlich, was wir alles zu wissen glauben. Zum Beispiel was gut für uns ist... Wenn Sie sich schon mal sehnlichst etwas gewünscht haben (Job, Beziehung, etc.) dies dann so auch eintraf, sich aber als Vollkatastrophe erwies, ahnen Sie es schon vielleicht - auch hierzu gibt es eine Geschichte:

In einem Dorf in China, nicht ganz klein, aber auch nicht groß, lebte ein Bauer – nicht arm, aber auch nicht reich, nicht sehr alt, aber auch nicht mehr jung, der hatte ein Pferd. Und weil er der einzige Bauer im Dorf war, der ein Pferd hatte, sagten die Leute im Dorf:

„Oh, so ein schönes Pferd, hat der ein Glück!"
Und der Bauer antwortete: „Wer weiß?!"

Eines Tages, eines ganz normalen Tages, keiner weiß weshalb, brach das Pferd des Bauern aus seiner Koppel aus und lief weg. Der Bauer sah es noch davon galoppieren, aber er konnte es nicht mehr einfangen. Am Abend standen die Leute des Dorfes am Zaun der leeren Koppel, manche grinsten ein bisschen schadenfreudig, und sagten:

„Oh der arme Bauer, jetzt ist sein einziges Pferd weggelaufen. Jetzt hat er kein Pferd mehr, der Arme!"
Der Bauer hörte das wohl und murmelte nur: „Wer weiß?!"

Ein paar Tage später, sah man morgens auf der Koppel des Bauern das schöne Pferd, wie es mit einer wilden Stute im Spiel hin und herjagte: sie war ihm aus den Bergen gefolgt. Gross war der Neid der Nachbarn, die sagten:
„Oh, was hat der doch für ein Glück, der Bauer!"
Aber der Bauer sagte nur: „Wer weiß?!"

Eines schönen Tages im Sommer dann stieg der einzige Sohn des Bauern auf das Pferd, um es zu reiten. Schnell war er nicht mehr alleine, das halbe Dorf schaute zu, wie er stolz auf dem schönen Pferd ritt. „Aah, wie hat der es gut!"

Aber plötzlich schreckte das Pferd, bäumte sich auf und der Sohn, der einzige Sohn des Bauern fiel hinunter und brach sich das Bein, in viele kleine Stücke, bis zur Hüfte. Und die Nachbarn schrien auf und sagten:

„Oh, der arme Bauer, sein einziger Sohn! Ob er jemals wieder wird richtig gehen können? So ein Pech!"
Aber der Bauer sagte nur: „Wer weiß?!"

Einige Zeit später schreckte das ganze Dorf aus dem Schlaf, als gegen Morgen ein wildes Getrappel durch die Straßen lief. Die Soldaten des Herrschers kamen in das Dorf geritten und holten alle Jungen und Männer aus dem Bett, um sie mitzunehmen in den Krieg. Der Sohn des Bauern konnte nicht mitgehen. Und so mancher saß daheim und sagte:

„Was hat der für ein Glück!"
Aber der Bauer murmelte nur: „Wer weiß?!"[5]

Wir wissen wirklich nicht viel und erschreckend wenig über uns selbst (auch wenn es uns ganz anders vorkommt). Das ist jetzt keine Geschichte, sondern Gerhard Roth in „Warum es so schwierig ist, sich und andere zu ändern:"[6]

„In diesem Buch ging es um einen nüchternen Blick auf die Möglichkeiten und die Grenzen der Veränderbarkeit des Menschen. Dies geschah aus Sicht der empirisch-experimentellen Psychologie und der Hirnforschung, die hierbei Hand in Hand gehen. […] Erstens haben wir Menschen nur geringe Einsicht darin, was uns tatsächlich antreibt [das Unbewusste], und zweitens ist zu dem Zeitpunkt, an dem wir als spätere Jugendliche und als Erwachsene endlich über klare Zielsetzungen verfügen, in unserer Persönlichkeit schon zu viel gelaufen, als dass wir uns als große Weichensteller in eigener Sache betätigen könnten. Diese Erkenntnis mag schmerzhaft oder für unser Selbstbild beleidigend sein, aber die Lebensweisheit und die

Wissenschaft sagen uns, dass man für größere Veränderungen in aller Regel Hilfe und Anstoß von außen benötigt. [...] [Und] eigentlich weiß das jeder von uns: Worte allein bewegen nichts, sie müssen Emotionen und Motive dessen ansprechen, den wir ändern wollen. Das ist bei von Bewusstsein geleiteten Geschehnissen auf der oberen limbischen Ebene nicht schwer, aber, wie gehört, nur von relativ geringer Wirkung. Stärkere Veränderungen erreichen wir dabei nur, wenn wir auch zu den unbewussten Motiven vordringen. [Und das stößt schnell an Grenzen, denn entgegengesetzt zu Freuds Überzeugung kann] das Unbewusste nicht bewusst gemacht, d.h. in Bilder und Worte gefasst, werden, da es kein „bewusstseinsfähiges Format" besitzt. Wir können immer nur indirekte und generell unzuverlässige Kenntnisse über dasjenige erlangen, was Menschen unbewusst antreibt, und von denen sie selbst auch nichts direkt wissen! [...] Für die Persönlichkeitsdiagnostik, aber auch für den alltäglichen Umgang mit Menschen bedeutet dies: Was ein Mensch uns mitteilt, ist – selbst wenn es nicht glatt gelogen ist – immer nur eine Mitteilung über die subjektive Selbst- und Weltsicht, in die momentane Empfindungen, Erinnerungen, Erfahrungen, Erwartungen und Vermutungen eingehen, besonders dahingehend, was wohl der Gesprächspartner hören will bzw. was für einen selbst vorteilhaft ist. Niemals ist es eine verlässliche Wiedergabe der gesamten Persönlichkeit, denn das Unbewusste, aber auch das aktuell Vorbewusste (d.h. die gerade nicht bewussten Inhalte des Langzeitgedächtnisses) sind der Auskunft gebenden Person nicht zugänglich. Die Inhalte des Langzeitgedächtnisses werden ständig „je nach Bedarf" umgeschrieben, und Erinnerungen können keine objektiven Berichte liefern! [...] Menschen kennen sich selbst viel weniger, als ein geschulter Diagnostiker (und manchmal auch ein Partner oder Freund) das tut."

So, das war's, wir sind fremdprogrammierte Zombies, nicht nennenswert veränderbar, mit denen kein Blumentopf zu gewinnen ist. Totale Nullchecker, die sich dank vieler Verdrängungs- und Rechtfertigungsmechanismen dennoch a priori für toll halten.

Hieran ist nichts Weise. Außer, es sich einzugestehen. Unser Ego ist wahrlich groß, und hinderlich dabei. Was es braucht, ist Achtsamkeit, um zu sehen, Demut, um es an sich ranzulassen, was wir da sehen, und Fachwissen, um es zu verstehen. Konkret, psychologisches Fachwissen. Allerdings darf Psychologie nicht zum Selbstzweck werden (wie es oft bei Insta zu sehen ist), sondern sollte eher wie richtig verstandene Politik sein: sie soll einen Rahmen schaffen, in dem gutes Leben wirklich möglich ist. Nicht mehr und nicht weniger.

Dennoch ist dieses Wissen unentbehrlich. Denn seien wir ehrlich, man muss sich um seinen Scheiß selbst kümmern, und oft sind die Diagnostiker auf dem Stand ihres Studiums, ihrer „Glaubens"-Schule und kennen viele neue Publikationen einfach nicht, die damit nicht einhergehen.

Warum Sie das brauchen? Geht auch ohne, ist aber wie in der Matrix zu leben. Neulich habe ich versucht, jemand ohne jegliche psychologischen Kenntnisse ein bestimmtes Verhalten mit dem Ansatz der Kodependenz zu erklären. Die Reaktion war: „Das glaube ich nicht", „Das ist nicht logisch".
Tja, und trotzdem da und die Triebfeder all des von der Person genannten Verhaltens. Willkommen in der Kraft des Unbewussten. Wie willst du etwas verändern, was du nicht erkennst und verstehst?

Selbst wenn man die Mechanismen versteht, ist Veränderung nicht einfach und dauerhaft und nur sehr mühsam zu erreichen.

„Ein Konsens zwischen unbewussten Motiven und bewussten Zielen ist also unverzichtbar für längerfristige Veränderungen."[7]

Und am aller wichtigsten: Sie müssen so handeln, dass sich überhaupt der gewünschte Erfolg einstellen kann. Hierzu gibt es eine wunderbare Geschichte vom Lotterielos:

„Moshe haderte mit der Welt und dem Schicksal – und klagte Gott sein Leid: "Herr, warum bist du so grausam? Ich war immer ein guter

Diener. Alles hast du mir genommen. Wenn es dich gibt, zeig mir, dass du ein guter Gott bist – und lass mich einmal in der Lotterie gewinnen." Nichts passiert. Am nächsten Tag betet Moshe wieder, es passiert nichts. Er betet fortan jeden Tag um einen Lottogewinn – ein ganzes Jahr lang. Dann geschieht endlich das erhoffte Wunder, der Himmel über ihm öffnet sich und eine tiefe Stimme spricht: „Moshe, ich habe dein Klagelied ein Jahr lang anhören müssen, jetzt, bitte, gib du mir eine Chance – und kauf dir endlich ein Los!"" [8]

Wenn wir etwas vermeintlich wollen, aber nicht danach handeln, nutzt alles wissen und wollen nichts. Wichtig für ein glückliches Leben aber ist es auch, dankbar zu sein, für das was man bereits hat:

„Zu einem jüdischen Rabbi kam mal ein Mann, der sich über die Enge in seiner Wohnung beklagte. Für ihn und seine Frau und die 5 Kinder und die Schwiegereltern sei das alles viel zu eng und jetzt hätten sich noch Verwandte angesagt, da wäre einfach kein Platz. Der Rabbi fragte: und habt ihr auch Tiere? Ja, eine Ziege und ein paar Hühner. Dann nehmt die Hühner in die Wohnung und komm in einer Woche wieder. Der Mann kam wieder und war schier verzweifelt: die Hühner liefen den Menschen dauernd zwischen den Füßen herum oder flatterten aufgeregt durch die Wohnung und die Familie litt sehr. Gut, sagte der Rabbi, dann nimm jetzt noch die Ziege mit ins Haus.

Der Mann versuchte, sich dagegen zu wehren, aber der Rabbi blieb unerbittlich. Nach dieser zweiten Woche war der Mann völlig am Ende und warf sich fast weinend vor den Rabbi: die Ziege störte überall, nahm ganz viel Platz in Anspruch, und dann der Gestank! Gut, sagte der Rabbi, dann bring die Ziege und die Hühner wieder in den Stall und komm in einer Woche wieder. Gesagt, getan, eine Woche später stand ein glücklicher Mann vor dem Rabbi: wir haben alle reichlich Platz, sogar die Verwandtschaft, wir vertragen uns gut, und der entsetzliche Ziegengestank ist weg, es duftet nach frischem Heu oder Blumen oder Essen. Na also, lächelte der Rabbi, geh und freu dich über dein schönes Zuhause."[9]

Die Stoiker praktizierten schon diese Übung, nämlich sich auszumalen, etwas zu verlieren, was man bereits besitzt (z.B. Haus, Partner, Kinder, Vermögen, Gesundheit). Psychologisch ist es so, dass es uns mehr schmerzt, etwas zu verlieren, was wir bereits haben, als es uns freut, etwas Neues dazuzubekommen. Deswegen ist diese Übung so wirksam, und der jüdische Witz beweist es. Plötzlich ist die Wohnung doch ganz schön, so wie sie ist. Mit ohne Ziege.

Wenn Sie nicht das genießen können, was Sie bereits haben, dann wird es tatsächlich nie genug sein, ganz gleich, was auch immer Sie haben mögen. Auch dies ist eine Frage der Einstellung und Übung. Eine gute Übung ist auch sich regelmäßig auf das zu besinnen, wofür Sie dankbar sind und diesem Gefühl nachzuspüren und es auszukosten.

Was aber tun, wenn offenkundig Schlechtes Sie ereilt, oder Ihnen angetan wird? Hierzu die Geschichte aus „Die Kuh, die weinte - Buddhistische Geschichten über den Weg zum Glück" von Ajahn Brahm mit dem schönen Titel:

Eine Wagenladung voller Mist

Im Leben gibt es immer auch unangenehme Dinge - wie beispielsweise Klassenletzter zu werden. So etwas kann jeden überkommen. Der einzige Unterschied zwischen einem glücklichen Menschen und einem Deprimierten besteht in der Reaktion auf Unheil.

Stellen Sie sich jetzt vor, dass Sie mit einem Freund einen herrlich entspannten Nachmittag am Strand verlebt haben. Und als Sie nach Hause kommen, entdecken Sie, dass irgendjemand eine ganze Wagenladung voller Dung direkt vor Ihrer Haustür abgeladen hat. Über diesen Misthaufen sollten Sie Folgendes wissen:

Sie haben ihn nicht bestellt. Es ist nicht Ihre Schuld. Sie haben ihn jetzt am Hals. Niemand hat gesehen, wer ihn abgeladen hat, also können Sie auch niemanden auffordern, ihn wieder wegzubringen. Er ist dreckig, widerlich und ekelhaft. Sein Gestank zieht langsam durch Ihr ganzes Haus und ist so unerträglich, dass Sie kotzen könnten.

In dieser Metapher steht die Wagenladung voller Mist für all die traumatischen Erfahrungen, die das Leben über uns auskippt. Genau wie bei der Mistladung müssen wir auch drei Dinge über die Katastrophe in unserem Leben wissen:

Wir haben sie nicht bestellt. Wir fragen: »Warum ich?«
Wir haben sie am Hals. Keiner, nicht einmal unsere besten Freunde, kann sie uns wegnehmen (obwohl sie es vielleicht versuchen).
Sie ist grauenvoll, ein solcher Zerstörer unseres Glücks, dass der Schmerz unser ganzes Leben ausfüllt. Sie ist einfach nicht zu ertragen.

Wenn man eine solche Wagenladung voller Mist am Hals hat, gibt es zwei Möglichkeiten, darauf zu reagieren. Die erste besteht darin, dass wir den Mist mit uns herumschleppen. Wir stecken etwas davon in unsere Taschen und unter unser Hemd. Ja, wir schütten sogar etwas davon in unsere Hosen. Und wenn wir dann mit diesen Miststücken herumlaufen, stellen wir fest, dass wir eine Menge Freunde verlieren! Sogar die besten Freunde scheinen sich nicht mehr so oft sehen zu lassen.

»Den Mist herumtragen« ist eine Metapher für das Versinken in Depressionen, für negative Gedanken oder Wut. Eine ganz natürliche Reaktion auf Widrigkeiten des Lebens. Aber wir verlieren viele Freunde, und es ist ja völlig verständlich, dass sie nicht mehr viel mit uns zu tun haben wollen, wenn wir dauernd wie sieben Tage Regenwetter herumlaufen. Schlimmer noch, der Misthaufen wird dabei nicht abgetragen, sondern reift gemütlich heran, sodass sein Gestank immer unerträglicher wird.

Zum Glück gibt es einen zweiten Weg. Wenn jemand eine Wagenladung voller Mist vor unserer Haustür abkippt, dann entfleucht uns ein Seufzer, und wir machen uns an die Arbeit. Schubkarre, Mistgabel und Spaten werden hervorgeholt. Wir schaufeln den Mist in die Karre, fahren sie hinters Haus und verbuddeln das Zeug im Garten. Das ist eine anstrengende und ermüdende Arbeit, aber wir wissen, dass uns keine andere Wahl bleibt. Manchmal schaffen wir nur eine halbe Schubkarre am Tag. Doch wir unternehmen etwas gegen das Problem, anstatt so lange mit ihm zu hadern, bis wir schließlich in der Depression landen. Tagein, tagaus laden wir Dung in die Schubkarre, und jeden Tag wird der Haufen ein Stückchen kleiner.

Manchmal brauchen wir mehrere Jahre, aber irgendwann kommt ein Morgen, an dem der Misthaufen vor dem Haus gänzlich verschwunden ist. Außerdem hat sich in einem anderen Teil unseres Gartens inzwischen ein wahres Wunder ereignet. Die Blumen entfalten sich zu ihrer vollsten Pracht, und ihr Duft erfüllt die ganze Umgebung, sodass Nachbarn und sogar Passanten vor Freude zu lächeln beginnen. Der Obstbaum in der Ecke kippt beinahe um, so reich ist er mit schmackhaften Früchten gesegnet. Er trägt so viele, dass wir unseren Nachbarn und sogar Vorübergehenden von diesen Wunderfrüchten abgeben können.

»Den Mist eingraben«, ist auch eine Metapher. Damit heißen wir das Unheil als Dünger des Lebens willkommen. Die Arbeit müssen wir schon allein erledigen, keiner kann uns dabei helfen. Aber wenn wir den Mist tagaus, tagein in den Garten unseres Herzens eingraben, können wir langsam den Berg voller Schmerz abtragen.

Vielleicht werden wir dafür Jahre benötigen, aber der Morgen wird anbrechen, an dem wir den Schmerz in unserem Leben nicht mehr sehen und merken, dass sich in unserem Herzen ein Wunder ereignet hat. Blumen der Güte stehen in voller Pracht. Der Duft der Liebe erfüllt die Umgebung, unsere Nachbarn, unsere Beziehungen und sogar die Menschen, die am Garten vorübergehen. Dann neigt sich der Baum der Weisheit in der Ecke zu uns herab, überladen mit den süßen Einsichten in das Wesen des Lebens. Wir verteilen diese köstlichen Früchte großzügig, und sogar der zufällige Passant kriegt welche ab, auch wenn wir das gar nicht beabsichtigt haben.

Wenn wir den Schmerz der Tragik erfahren, seine Lektion gelernt und unseren Garten angelegt haben, können wir bei großen Tragödien einander umarmen und einfach sagen: »Ich weiß.« Und der andere wird begreifen, dass wir ihn wirklich verstehen. Das Mitgefühl setzt ein. Wir zeigen ihm die Schubkarre, die Mistgabel, den Spaten und ermutigen ihn zu grenzenlosem Eifer. Wir könnten diesem Menschen allerdings unmöglich helfen, wenn wir nicht schon zuvor unseren eigenen Garten bestellt hätten.

Ich habe zahlreiche Mönche kennen gelernt, die großartig meditieren können, den Widrigkeiten friedlich, gelassen und heiter begegnen. Doch nur wenige von ihnen sind große Lehrer geworden. Ich habe mich oft gefragt, woran das liegt. Heute glaube ich, dass jene Mönche, die es relativ leicht hatten und nur kleine Misthaufen wegschaffen und eingraben mussten, keine Lehrer wurden. Aber jene, die mit besonders großen Schwierigkeiten zu kämpfen hatten, die den Mist in aller Ruhe wegräumten und mit einem fruchtbaren Garten belohnt wurden, stellten sich als die großen Lehrer heraus. Alle Mönche waren weise, gelassen, heiter und voller Mitgefühl, aber diejenigen mit den größeren Misthaufen konnten der Welt mehr mitteilen. Vor der Haustür meines Lehrers Ajahn Chah, für mich der größte Lehrer überhaupt, sind früher wahrscheinlich Mistladungen unvorstellbaren Ausmaßes ausgekippt worden.

Die Moral von dieser Geschichte könnte folgendermaßen lauten: Wenn Sie der Welt dienen, dem Pfad des Mitgefühls folgen wollen, dann sollten Sie angesichts der nächsten Tragödie in ihrem Leben vielleicht sagen: »Aber hallo! Endlich wieder mehr Dünger für meinen Garten!«[10]

Wie gehe ich damit um? Begegne ich den Dingen auf Augenhöhe und suche Lösungen, die das Schlechte in Gutes verwandeln, oder lasse ich mich zum Opfer machen, sehe nur noch das Schlechte?
Es ist fatal, gerade in Beziehungen die Augenhöhe zu verlieren. Es ist fatal, zu vergessen, dass man erwachsen und mit Sicherheit nicht

hilfos ist. Wie sagte Viktor Frankl so schön: „Ich muss mir von mir selbst nicht alles gefallen lassen."
Es ist fatal, sich zu verbiegen und dabei seinen Seelenfrieden zu verlieren. Es ist fatal, die Dinge nicht beim Namen zu nennen:

„Vor vielen Jahren lebte ein Kaiser. Der hielt so ungeheuer viel auf neue Kleider, dass er für diese Pracht all sein Geld ausgab. Er kümmerte sich nicht um seine Soldaten, kümmerte sich nicht um die Staatsgeschäfte und liebte es nicht, in den Wald zu fahren, außer um seine neuen Kleider zu zeigen. Er hatte für jede Stunde des Tages einen eigenen Rock, und man sprach hinter vorgehaltener Hand: "Der Kaiser führt schon wieder seine Garderobe aus!"

In der großen Stadt, wo der Kaiser wohnte, ging es munter her. An jedem Tag kamen viele Fremde an, und eines Tages kamen auch zwei Betrüger. Die gaben sich als Weber aus und sagten, sie könnten den schönsten Stoff der Welt weben. Die Kleider aus dem Stoff wären nicht nur ungewöhnlich schön, sie hätten auch eine wunderbare Eigenschaft. Sie wären für jeden Menschen unsichtbar, der in seinem Amte nichts tauge oder einfach dumm sei.

"Das müssen ja in der Tat prächtige Kleider sein", dachte sich der Kaiser. "Wenn ich die hätte, könnte ich auch erfahren, welche Männer in meinem Reich nichts taugen. Ich könnte die Klugen von den Dummen unterscheiden! Ja, dieser Stoff muss sogleich für mich gewebt werden!"

Er gab den beiden Betrügern viel Geld, damit sie ihre Arbeit beginnen konnten. Sie stellten auch zwei Webstühle auf und taten so, als ob sie arbeiteten. Doch auf den Webstühlen war nicht das Geringste zu sehen. Trotzdem verlangten die beiden Burschen die feinste Seide und das prächtigste Gold. Das steckten sie aber in ihre eigene Tasche und arbeiteten an den leeren Stühlen bis spät in die Nacht.

"Nun möchte ich doch wissen, wie weit sie mit dem Stoff gekommen sind", dachte sich der Kaiser. Aber er fürchtete sich ein wenig, sollten doch Taugenichtse und Dumme die Webarbeit nicht sehen können. Der Kaiser glaubte zwar, dass er für sich selbst nichts zu fürchten habe, aber er wollte zuerst einen anderen senden. Alle Menschen in der ganzen Stadt wussten, welche Kraft der Stoff haben sollte, und alle waren begierig darauf, zu sehen, wie schlecht oder dumm die Nachbarn waren.

"Ich will meinen alten, ehrlichen Minister zu den Webern senden", sagte der Kaiser. "Er kann am besten beurteilen, was vor sich geht, denn er hat Verstand. Und keiner versieht sein Amt besser als er!" Nun ging der alte, gute Minister in den Saal hinein, wo die zwei Betrüger an den leeren Webstühlen arbeiteten. "Gott behüte uns!", dachte der alte Minister und riss die Augen auf. "Ich kann ja nichts erblicken!" Aber er ließ sich nichts anmerken.

Die Betrüger baten ihn näher zu treten und fragten, ob es nicht ein hübsches Muster und schöne Farben seien. Dann zeigten sie auf den leeren Webstuhl, und der arme Minister traute seinen Augen nicht. Er konnte nichts sehen, denn es war nichts da. "Herr Gott", dachte er, gehöre ich denn zu den Dummen? Das hätte ich nie gedacht, und kein Mensch darf es wissen!"

"Nun, Sie sagen ja gar nichts?", fragte der eine von den Webern. "Oh, es ist wunderbar anzusehen!", antwortete der alte Minister und sah forschend durch seine Brille. "Dieses Muster und diese Farben! - Ja, ich werde dem Kaiser sagen, dass es mir sehr gefällt!" "Nun, das freut uns!", erwiderten die Weber, und erklärten noch lange die besonderen Farben und Muster. Der alte Minister hörte gut zu, damit er alles erzählen konnte, wenn er wieder vor den Kaiser trat.

Nun verlangten die Betrüger aber noch mehr Geld, und dazu auch noch Seide und Gold zum Weben. Sie steckten alles wieder in ihre eigenen Taschen und arbeiteten weiter an den leeren Webstühlen.

Der Kaiser sandte bald wieder einen tüchtigen Staatsmann, um nachzusehen, wie es mit dem Weben stehe. Es ging ihm aber gerade wie dem alten Minister. Er guckte und guckte, aber außer dem Webstuhl war da nichts zu sehen. "Ist das nicht ein prächtiges und hübsches Stück Stoff?", fragten die beiden Betrüger. Und sie zeigten dem Staatsmann das prächtige Muster, das gar nicht da war. "Dumm bin ich nicht", dachte der Mann. "Es ist also mein gutes Amt, zu dem ich nicht tauge! Das soll aber keiner wissen!" Der Staatsmann lobte also den Stoff, den er nicht sehen konnte und zeigte sich erfreut über die schönen Farben und das herrliche Muster. "Ja, es ist wahrhaft das Beste!", sagte er zum Kaiser.

Alle Menschen in der Stadt sprachen nur noch von dem prächtigen Stoff. Darum wollte der Kaiser ihn nun selber sehen. Der Kaiser wählte sogleich eine ganze Schar hervorragender Männer aus, darunter auch den alten Minister und den Staatsmann. Dann gingen sie zu den beiden Betrügern, die wieder webten, aber ohne Faser und Faden.

"Seht nur", sagte der alte Minister, "ist das nicht prächtig?" Und die Weber fragten: "Wollen Eure Majestät sehen, welches Muster, welche Farben?" Dann zeigten sie auf den leeren Webstuhl, und erklärten den wundervollen Stoff in schönsten Worten.

"Oh weh", dachte der Kaiser, "ich sehe ja gar nichts! Das ist ja schrecklich! Bin ich dumm? Tauge ich nicht zum Amte eines Kaisers? Was soll ich nur tun?" Er überlegte kurz und sagte: "Nun, der Stoff ist sehr hübsch und verdient meinen Beifall!" Er nikte zufrieden und betrachtete den leeren Webstuhl von allen Seiten. Das ganze Gefolge sah zu und rieb sich die Augen, aber jeder sagte das Gleiche wie der Kaiser. Am Ende gaben sie dem Kaiser auch noch den Rat, die Wunderkleider das erste Mal bei dem großen Feste zu tragen, das bald bevorstand.

Die ganze Nacht vor dem Fest waren die Betrüger bei ihren Webstühlen zu sehen, damit man sie auch recht gut bei ihrer Arbeit beobachten konnte. Sie taten, als ob sie den Stoff aus dem Webstuhl nähmen, sie schnitten mit großen Scheren in der Luft, sie nähten mit

Nadeln ohne Faden und sagten zuletzt: "Seht her, nun sind die Kleider fertig!"

Der Kaiser kam mit seinen vornehmsten Beamten, und beide Betrüger hoben einen Arm, gerade so, als ob sie etwas hielten. Sie sagten: "Eure Majestät, hier sind die Beinkleider. Hier ist das Kleid! Und hier ist der Mantel! Alles ist so leicht wie Spinnwebe. Man könnte glauben, man habe nichts auf dem Körper, aber das ist gerade die Schönheit dabei!"

"Ja", sagten alle Beamten, aber sie konnten nichts sehen, denn es war nichts da. "Belieben Eure Majestät nun die alten Kleider abzulegen", fragten die Betrüger, "dann wollen wir die neuen Kleider hier vor dem großen Spiegel anziehen!"
Der Kaiser legte seine Kleider ab, und die Betrüger stellten sich so auf, als würden sie ihm jedes Stück der neuen Kleider anziehen. Der Kaiser ließ es sich gefallen und wendete und drehte sich vor dem Spiegel. "Ei, wie herrlich die neuen Kleider sitzen!", riefen alle. "Welches Muster, welche Farben! Das ist ein wahrhaft kostbarer Anzug!" Der Kaiser wendete sich nochmals vor dem Spiegel, denn es sollte so aussehen, als wolle er seine Kleider noch einmal betrachten.

Die Kammerherren, die das Recht hatten, die Mantelschleppe zu tragen, griffen nun mit den Händen zum Fußboden. Sie taten so, als ob sie die Schleppe aufhöben, denn sie wagten es nicht, sich etwas anmerken zu lassen. So ging der Kaiser dann hinaus, und alle Menschen auf der Straße und in den Fenstern sprachen: "Des Kaisers neue Kleider sind wirklich unvergleichlich! Wie schön die Schleppe doch ist, und wie gut alles sitzt!"

Keiner wollte es sich anmerken lassen, dass er nichts sah. Denn jeder hatte Angst davor, als Taugenichts in seinem Amte oder als Dummkopf beschimpft zu werden. "Aber er hat ja gar nichts an!", sagte endlich ein kleines Kind. "Hört nicht darauf!", sagte der Vater. Aber man flüsterte sich jetzt gegenseitig zu, was das Kind gesagt hatte. Da rief plötzlich das ganze Volk: "Aber er hat ja gar nichts an!" Der Kaiser war zutiefst erschreckt, denn er spürte, dass es wohl die

Wahrheit sein musste. "Nun", dachte sich der Kaiser, "es ist geschehen und ich muss jetzt Haltung und Würde bewahren." So trugen die Kammerherren auch weiterhin die unsichtbare Mantelschleppe, bis das Fest zu Ende war.[11]

Nicht kongruent zu sein, macht Sie zum Krüppel. Wenn Sie nicht im Einklang mit Ihren Grenzen, Werten und moralischen Vorstellungen leben, so können Sie kein aufrechter Mensch sein. Sie sollten aber nicht aufgrund falsch verstandener „Authentizität" meinen, Ihre Meinung zu allem und jedem anderen unter die Nase zu reiben. So sagte Rumi so schön: „Bevor du sprichst, lasse deine Worte durch drei Tore schreiten. Beim ersten Tor frage: „Sind sie wahr?" Am zweiten frage: „Sind sie notwendig?" Am dritten Tor frage: „Sind sie freundlich?"" - und rede dann erst oder schweig.

Wenn es um andere Menschen in Ihrem Leben geht, so gibt es noch mehr zu beachten. Es ist nicht schwer, dass es gut ist, wenn es gut ist. Erst in Schwierigkeiten und Krisen werden Sie Ihre wahren Freunde erkennen.[12]

Es ist von enormer Bedeutung, mit was für Menschen Sie sich umgeben. Das wussten schon die alten Römer, dass man von toxischen, unmoralischen und destruktiven Menschen fernbleiben muss, denn sonst kann man nur verlieren:

Phaedrus Lamm und Wolf

Der Wolf und das Lamm waren einst, vom Durst angezogen, zum selben Fluss gekommen: Weiter oben stand der Wolf und weit darunter unten das Schaf. Von Heißhunger angetrieben, brachte er einen Grund für einen Streit. „Warum", sagte er, „hast du das Wasser, das ich trinken will, aufgewühlt?" Der Wollträger erwiderte sich fürchtend:

„Wie kann ich das bitte machen, was du da beklagst, Wolf?

Von dir fließt das Wasser zu meiner Kehle herab."

Durch die Kräfte der Wahrheit zurückgehalten, sagte er: „Vor sechs Monaten hast du mich beleidigt."

Da antwortet das Lamm: „Da war ich noch gar nicht geboren."

„Beim Herkules", rief jener, „dann hat mich dein Vater beleidigt;" So zerfleischt er das unschuldige Lamm in ungerechtem Mord.

Diese Fabel ist wegen jener Menschen geschrieben, die aus erfundenen Gründen Unschuldige unterdrücken.[13]

Wie Sie eindrucksvoll sehen können, nützt da auch alles Reden und Argumentieren nichts. Es ist nicht rational und es gibt keinen guten Willen. Bloß weg da. Es gilt, zu erkennen, wer sich selbst mit seinem Verhalten disqualifiziert, um ohne Diskussionen die Konsequenzen für sich daraus ziehen. Um es ganz deutlich zu sagen, Menschen können wundervoll und bereichernd sein, oder eben die größten Schädlinge, die es gibt. Wenn Sie ein guter Mensch in einem toxischen Umfeld sind, werden Sie bis auf die Knochen abgenagt. Ihre Güte wird den destruktiven Menschen nicht ändern. Da gut zu sein, sehr kostspielig ist, müssen Sie sich die Menschen in Ihrem Leben ganz genau aussuchen.

Noch kostspieliger wird es, nicht zu wissen, wer man ist und was man will, dann füllen die anderen diese Lücken mit ihren Ansichten und Vorhaben, und die werden nicht wirklich in Ihrem Interesse oder gut für Sie sein:

Das hässliche Entlein

Es war einmal eine Entenmutter, die gerade ihre Eier ausbrütete. Es waren genau sieben Eier in ihrem Nest und die Entenmutter freute sich schon sehr auf ihren Nachwuchs. Eines Tages war es endlich soweit und aus den Eiern entschlüpften sechs putzmuntere Entlein. Sie waren alle wunderschön und mit einem gelben, zarten Federflaum versehen. Nur das siebte Ei lag noch immer unversehrt in ihrem Nest. Es war größer als die anderen Eier und so sehr die Entenmutter auch darüber nachdachte, konnte sie sich nicht erinnern, wann sie es eigentlich gelegt hatte? Gerade als sich die Entenmutter mal wieder mit diesen Gedanken beschäftigt hatte, zerbarst das letzte Ei und heraus kam ein graues Entenküken, das seine Mutter verwundert ansah. Die Tage vergingen wie im Flug. Die sechs Entenkinder wuchsen schnell heran und lernten jeden Tag etwas Neues. Nur das letzte und siebente Entlein bereitete ihr Sorgen. Es war nicht nur unbeholfen und tollpatschig, sondern zudem auch noch sehr hässlich. Die Tiere auf dem Bauernhof verspotteten das graue Entlein und niemand wollte mit ihm spielen. Auch der Entenmutter bereitete es große Sorgen und traurig jammerte sie: "Alle meine Kinder sind so hübsch und klug, nur das letzte Entlein ist so hässlich geraten. Niemand will etwas mit ihm zu tun haben und selbst die anderen Tiere meiden es." Dennoch hatte die Entenmutter auch dieses Entlein sehr lieb und so versuchte sie es immer wieder zu trösten. Dann sprach sie zu ihm und fragte es traurig: "Mein kleines armes Entlein, warum bist du nicht wie deine Geschwister? Warum kannst du nicht so sein wie sie?" Doch auf diese Frage wusste niemand eine Antwort. Weder die Geschwister noch die Mutter und schon gar nicht das hässliche Entlein selbst. Auch dem kleinen hässlichen Entlein war es nicht entgangen das es anders als seine Geschwister war und niemand auf dem Bauernhof etwas mit ihm zu tun haben wollte. Es fühlte sich einsam, traurig und allein gelassen. Nachts wenn seine Geschwister und all die anderen Tiere auf dem Bauernhof friedlich schliefen, weinte das kleine Entlein heimlich vor sich hin und fand keinen Schlaf. Die Wochen und Monate vergingen und seine Einsamkeit wurde ebenso größer wie das Gespött der anderen Tiere auf dem Bauernhof. Eines Morgens, das kleine Entlein hatte wieder einmal die ganze Nacht geweint, entschloss es sich, einfach davon zu laufen. Es konnte den Spott und die Häme der anderen nicht mehr ertragen.

Auf dem Bauernhof schliefen noch die Tiere und das kleine Entlein machte sich auf den Weg. Es dauerte nicht lange und es erreichte nach einiger Zeit einen kleinen Weiher, auf dem gerade stolz und erhaben zwei Schwäne schwammen. So sehr es sich das kleine Entlein auch gewünscht hatte, aber auch die beiden Schwäne wussten keine Antwort darauf, warum es so hässlich war? Traurig watschelte es weiter, während ihm die beiden Schwäne noch eine Warnung vor den Jägern mit auf den Weg gaben, die gerade rund um das Gewässer in früher Morgenstunde Stellung bezogen hatten. Traurig watschelte es weiter und erreichte bald darauf einen See. Die Sonne stand jetzt bereits etwas höher, Vögel zwitscherten und am Ufer beäugten einige Rehe misstrauisch das hässliche Entlein. Am See befragte das kleine Entlein alle Tiere, ob sie schon jemals etwas von einem Entlein mit grauen Federn gehört hatten? Doch wo es auch fragte, alle gaben dem Entlein die gleiche Antwort: "Nein, wir haben davon noch nie etwas gehört und noch nie ein Entlein gesehen, das hässlicher war als du!" Da kullerten dem kleinen Entenkind ein paar dicke Tränen das Gesicht herunter und traurig schluchzend ging es weiter, bis es schließlich das kleine Häuschen einer alten Bäuerin erreichte. Sie war schon sehr betagt und auch ihre Augen waren nicht mehr die besten, und so war es nicht weiter verwunderlich, dass die alte Frau das kleine Entlein für eine Gans hielt. Während sie nach dem Entlein griff, murmelte sie leise vor sich hin und sprach zu sich selbst: "Hmm, Gänseeier sind etwas Feines. Am besten, ich sperr dich gleich einmal in einen Käfig." Von nun an, kam jeden Morgen die alte Bäuerin zu dem Entlein, um nachzuschauen ob es bereits frische Gänseeier gelegt hatte. Doch so oft die alte Bäuerin auch nachschaute, das kleine Entlein legte einfach keine Eier. Auch den anderen Tieren auf dem kleinen Bauernhof war der neue Gast nicht entgangen. Das Huhn der Bäuerin warnte das kleine Entlein bereits und sagt: "Seh nur zu das du endlich Eier legst, sonst wird die Alte dich am Ende womöglich noch schlachten und du landest als Gänsebraten auf ihrem Mittagstisch!" Die Hauskatze lästerte feindlich fauchend: "Hoffentlich landest du bald in der Bratenröhre, denn so etwas hässliches ist mir noch nie untergekommen!" Da wurde dem kleinen Entlein erst recht angst und bange ums Herz, zumal die die Alte seit einigen Tagen angefangen hatte es zu mästen, damit es dick, groß und fett werden würde. Voller Verzweiflung dachte das kleine Entlein darüber nach, wie es seinem Schicksal wohl noch entrinnen konnte? Eines Nachts, die Bäuerin hatte versehentlich die Käfigtür offengelassen, entschloss sich daher das kleine Entlein zur Flucht! Es rannte so schnell und weit, wie es seine kleinen Kräfte nur erlaubten und als der Morgen graute, erreichte es ein dickes Schilfdickicht, das an einem wunderschönen See gelegen war. Darin versteckte es sich und kam langsam wieder zur Ruhe. Es dauerte einige Tage und das kleine Entlein richtete es sich in dem dicken Schilfgürtel des Sees ein. Hier war es gut versteckt, niemand konnte es sehen und auch Nahrung war im Überfluss vorhanden. Doch so sehr es hier auch geschützt war, mit jedem Tag schmerzte die Einsamkeit etwas mehr und traurig sprach es zu sich selbst: "Wenn mich schon niemand lieb haben will, dann bleibe ich einfach hier in meinem Versteck, wo man mir wenigsten nichts antun kann!".

So vergingen die Tage und Wochen und auch unser kleines Entlein hatte endlich etwas Frieden gefunden. An einem herrlichen Spätsommertag genoss das kleine Entlein die letzten wärmenden Sonnenstrahlen und blickte zum Himmel, wo gerade einen Schwarm weißer Vögel majestätisch vorüberziehen sah. Mit ihren gelben Schnäbeln und den langen schmalen Hälsen sahen sie wunderschön aus und das kleine Entlein seufzte traurig: "Einmal, nur ein einziges Mal möchte ich auch so schön sein! Dann haben mich bestimmt auch all die anderen Tiere einmal richtig lieb!" Voller Sehnsucht und Wehmut blickte es den stolzen und erhabenen Vögeln nach, bis diese am fernen Horizont verschwunden waren. Während das kleine Entlein noch oft an die stolzen Vögel denken musste, vergingen die Tage und die Nahrung im Schilf wurde immer weniger. Der Winter war über das Land gekommen und eines Morgens war auch der See mit dem Schilfgürtel zugefroren. Traurig, einsam und hungrig verließ das kleine Entlein sein Versteck, um nach Nahrung zu suchen. Doch inzwischen war es durch den lang andauerten Hunger so geschwächt, dass es entkräftet zu Boden sank und im Schnee einfach liegen blieb. Doch es hatte Glück! Kurz darauf kam ein Bauer vorbei und als er das arme, halb verhungerte Tier fand, hatte er Mitleid und sagte sich: "Dich werde ich mitnehmen. Du bist ja bereits halb erfroren und meine Kinder werden dich bestimmt aufpäppeln und sich über dich freuen!" Kurz darauf steckte der gute Mann das kleine Entlein auch schon in seine Tasche und nahm es mit nach Hause. Die Kinder des Bauern kümmerten sich liebevoll um das kleine Entlein und freuten sich mit jedem Tag aufs Neue, als sie sahen wie das Entlein langsam wieder zu

Kräften kam und größer wurde. Gut gepflegt, gefüttert und in der Wärme des Bauernhofs konnte das Entlein den Winter überleben. Im Frühling war das Entlein bereits so groß geworden, dass der Bauer es wieder zurück ins Schilfdickicht brachte. Glücklich und zufrieden sprang es voller Freude ins Wasser und breitete seine Flügel aus. Es genoss die warmen Frühlingsstrahlen der Sonne und steckte voller Übermut seinen Kopf in das klare Wasser des Sees. Als es den Kopf wieder hoch hob und auf das Wasser blickte, hielt es erstaunt inne: "Bin ich das wirklich? Warum habe ich mich so verändert?" Denn was das ehemals kleine, hässliche Entlein jetzt sah, war das Spiegelbild von sich selbst. Das Spiegelbild eines stolzen und wunderschönen Schwans! Es dauerte auch nicht lange und auch die Schwäne aus dem Süden kehrten an ihren geliebten See zurück. Schüchtern und immer noch etwas ängstlich näherte sich das kleine Entlein den Schwänen und als diese das kleine Entlein bemerkten, nahmen sie es in ihrer Mitte auf und sprachen: "Wir sind Schwäne und du bist einer von uns! Wo hast du nur in all der Zeit gesteckt?" Mit großen erstaunten, aber glücklichen Augen blickte der junge Schwan zu seinen neuen Kameraden und murmelte: "Das ist eine lange und aufregende Geschichte!"
Von diesem Tage an schwamm der junge Schwan mit all den anderen Schwänen auf dem See und war sehr glücklich und auch die Kinder, die ihn im Winter so liebevoll gepflegt hatten, standen eines Tages plötzlich am See und riefen voller Freude: "Schaut nur, schaut nur! Dort ist unser kleiner Schwan! Seht nur wie schön er geworden ist! Er ist wirklich der schönste von allen!"[14]

Sie müssen wissen, wer Sie sind, was Sie wollen und in sich ruhen. Ich sprach in meinen vorigen Büchern darüber, wie bedeutsam es ist, ein klares moralisches Gerüst für sich zu haben, damit ein gutes Leben gelingt. Die folgende Geschichte lehrt uns, dass es manchmal Werte gibt, für die unsere gebeugt werden müssen. Oder besser: höheren untergeordnet. Wenn Sie aus dem vollen Herzen dies für sich entscheiden, so bleiben Sie dennoch mit sich im Reinen:

Ein junger und ein alter Mönch machen eine Pilgerreise. Sie kommen an einen Fluss mit starker Strömung. Dort steht eine junge hübsche Frau, die sich offenbar davor fürchtet, den Fluss zu durchqueren.

Ohne zu zögern, geht der alte Mönch zu der Frau, hebt sie auf seine Schultern und trägt sie zum anderen Ufer. Sie bedankt sich und geht ihres Weges. Daraufhin setzen die beiden Mönche ihre Pilgerreise fort. Stunden später fängt der junge Mönch an, den anderen zu kritisieren und sagt wütend:

"Du weißt doch, dass es uns als Mönchen nicht erlaubt ist, Frauen anzufassen! Wie konntest du nur gegen diese Regel verstoßen?"

Der alte Mönch, der die Frau durch den Fluss getragen hatte, hört sich die Vorwürfe des anderen ruhig an. Dann antwortet er:

"Ich habe die Frau vor Stunden am Ufer des Flusses gelassen – warum trägst du sie immer noch mit dir herum?"

Und wie Sie in der Geschichte sehen können, wenn es Ihnen vollkommen klar ist, was Sie warum getan haben, und damit Ihren Frieden haben können, so ist es vollkommen egal, was andere darüber denken.
Die werden immer eine Meinung haben (zwar nicht so oft, wie Sie glauben, so spannend sind sie nicht, dass andere ständig über Sie nachdenken würden). Bis auf einen ausgewählten und erprobten Kreis von Menschen, deren Meinung Ihnen wirklich wichtig ist, sollte Ihnen diese sonst egal sein. Auch hierzu gibt es natürlich eine wunderbare Geschichte:

An einem heißen Sommertag, in glühender Mittagshitze zogen ein Vater, sein Sohn und ein Esel durch die staubigen Gassen einer kleinen Stadt im Orient.

Der Vater saß auf dem Esel und der Junge ging daneben her. Da kam eine verschleierte Frau vorüber, schüttelte verständnislos den Kopf und sagte:

„Der arme Junge. Er kann doch mit seinen kurzen Beinen kaum das Tempo des Esels halten. Wie kann ein Vater nur so herzlos sein und faul auf dem Esel sitzen, während sein Junge vom Laufen ganz erschöpft ist."

Der Vater schämte sich, als er diese Worte hörte, stieg ab und setzte seinen Sohn auf den Esel.
Bald darauf kam ein älterer Mann des Weges. Als er die Reisenden sah, rief er verärgert:

„So eine Unverschämtheit. Da sitzt der Bengel auf dem Esel, während sein armer, alter Vater daneben her läuft."

Das schmerzte den Jungen, der seinen Vater liebte und er bat ihn sofort, sich hinter ihn auf den Esel zu setzen.

Als nächstes kam ein Wanderer vorbei und entrüstet sich lauthals:

„Hat man so etwas schon gesehen? Was für eine Tierquälerei! Der Rücken des armen Esels hängt schon völlig durch und diese beiden Faulpelze ruhen sich auf ihm aus."

Auch diese Worte trafen die beiden sehr. Und so stiegen Vater und Sohn vom Esel herunter, nahmen das Tier in die Mitte und gingen rechts und links daneben her.

Es dauerte nicht lange, da machte sich ein Fremder über sie lustig:

„Was für eine Verschwendung! Wozu den Esel spazieren führen, wenn er zu nichts nutze ist und nicht einmal einen von euch trägt?"

Daraufhin schüttelte der Vater den Kopf, gab dem Esel eine Handvoll Stroh und sagte zu seinem Sohn:

"Egal was wir machen, es gibt immer jemanden, dem es nicht gefällt. Wir müssen wohl selbst entscheiden, was für uns das Richtige ist."
(nach Nasreddin Hodscha)

Alles klar? Manchmal ist uns selbst wiederum nicht klar, wie wir mit den Problemen der Welt umgehen sollen. Dank globaler Vernetzung und Märkte, 24 Stunden Nachrichten und des Internets werden wir permanent mit den schlechten Nachrichten und Problemen der ganzen Welt konfrontiert, und das rund um die Uhr. Sobald wir etwas konsumieren, machen wir uns mitschuldig in irgendeinem Umfang an der Ausbeutung von Mensch, Tier und Planet. Wir fühlen uns verantwortlich und zuständig und gleichzeitig hilflos, da es so überwältigend viele große Probleme gibt, und Sie als kleiner Endverbraucher ohne Macht und Einfluss und Geld, sich die gewünschte Politik zu kaufen, ahnen sehr wohl, dass Sie nur einen sehr geringen globalen Impact haben können. Die nachfolgende Geschichte soll Ihnen dahingehend Trost spenden, dass Sie, selbst, wenn Sie vielleicht nicht die ganze Welt retten können, tatsächlich Sie im Einzelnen einen großen Einfluss haben. Das ist doch was.

Der Seestern

Als ein älterer Mann bei Sonnenuntergang den Strand entlang ging, sah er vor sich einen jungen Mann, der Seesterne aufhob und ins Meer warf. Nachdem er ihn eingeholt hatte, fragte er ihn, warum er das denn tue. Die Antwort war, dass die gestrandeten Seesterne sterben würden, wenn sie bis Sonnenaufgang hier liegen blieben.

"Aber der Strand ist viele Kilometer lang und tausende Seesterne liegen hier", erwiderte der alte Mann: „Was macht es also für einen Unterschied, wenn Du Dich abmühst?"

Der junge Mann blickte auf den Seestern in seiner Hand und warf ihn in die Wellen. Dann sagte er: „Für diesen hier macht es einen Unterschied!"

Und für diesen einen ist es ein sehr großer Unterschied. Was auch einen großen Unterschied macht, ist, wie Sie die Dinge im Leben betrachten, besonders die vermeintlich kleinen Dinge:

Die alte weise Frau und die Glücksbohnen

Eine sehr alte, weise Frau verließ ihr Haus nie, ohne vorher eine Handvoll Bohnen einzustecken. Sie tat dies nicht, um unterwegs die Bohnen zu kauen.
Nein, sie nahm die Bohnen mit, um so die schönen Momente des Lebens besser zählen zu können.
Für jede Kleinigkeit, die sie tagsüber erlebte – zum Beispiel einen fröhlichen Schwatz auf der Straße, ein köstlich duftendes Brot, einen Moment der Stille, das Lachen eines Menschen, eine Berührung des Herzens, einen schattigen Platz in der Mittagshitze, das Zwitschern eines Vogels – für alles, was die Sinne und das Herz erfreut, ließ sie eine Bohne von der rechten in die linke Jackentasche wandern.

Manchmal waren es auch zwei oder drei Bohnen, die auf einmal den Platz wechselten.

Abends saß die weise Frau zu Hause am Kamin und zählte die Glücksbohnen aus der linken Jackentasche. Sie zelebrierte diese Minuten. So führte sie sich vor Augen, wie viel Schönes ihr an diesem Tag widerfahren war, und freute sich darüber.

Sogar an den Abenden, an denen sie nur eine einzige Bohne zählte, war jeder Tag für sie ein glücklicher Tag – es hatte sich gelohnt, ihn zu leben. (Verfasser unbekannt) [15]

Dankbarkeit ist der Schlüssel zu allem. Sie hebt die Laune, lässt Sie mehr wertschätzen und genießen, was Sie bereits haben. Sie können

Dankbarkeit und Freude sogar in schweren Zeiten empfinden, wenn Sie es erlauben und den Blick für die kleinen Momente und Dinge nicht verlieren. Dankbarkeit kann Ihnen helfen, wieder Licht ins Dunkel zu bringen. Womit Sie anfangen können, dankbar zu sein?

Ganz einfach: „Wenn du am Morgen erwachst, denke daran, was für ein köstlicher Schatz es ist, zu leben, zu atmen und sich freuen zu können." – Marc Aurel. Wenn Sie mich fragen, schon allein die Sonnenaufgänge, die frische des Morgens und das Vogelgezwitscher sind es wert, und es gibt noch so viel mehr…

Wenn Sie dabei noch bei sich bleiben können, was wollen Sie noch mehr: „Es gibt einen schönen Satz von Tranxu, einem großen chinesischen Weisen, den ich mir gut gemerkt habe. Er lautet. ‚Wenn der Bogenschütze schießt, ohne einen besonderen Preis gewinnen zu wollen, kann er seine ganze Kunst entfalten, schießt er, um eine Bronzemedaille zu erringen, fängt er an, unruhig zu werden; schießt er um den ersten Preis, wird er blind, sieht zwei Ziele und verliert die Beherrschung. Sein Können ist dasselbe, aber der Preis spaltet ihn. Er ist ihm wichtig! Er denkt mehr ans Gewinnen als ans Schießen, und der Zwang zu gewinnen schwächt ihn.' Gilt dieses Bild nicht für die meisten Menschen?"[16]

**WHAT I
HAVE LEARNED
SO FAR**

1. Alle Probleme der Welt wurzeln darin, dass wir uns selbst und unsere Emotionen nicht sehen wollen... Das führt dann durch Verdrängung zum chronischen Stress, Konflikten, Suchtverhalten und Abwärtsspiralen und dauert damit quasi auf ewig, weil das eigentliche Problem zu keinem Zeitpunkt adressiert wird: wir sind emotional außer Kontrolle geratene Kinder in schicken Erwachsenenanzügen.

2. Und mit alle meine ich wirklich alle. Die ganze Zerstörung, die Sie auf dem Planeten sehen können, die Gewalt, die Kriege, die Unterdrückung ist das Resultat des Wirkens unseres kleinen Egos, dass uns einreden will, wir sind besser und berechtigter als die anderen, weil wir es nicht ertragen, uns zu sehen, wie wir wirklich sind. Lieber machen wir die anderen schlecht, das gibt ein gutes Gefühl.

3. Menschen ändern sich höchstens durch Schmerz (in sehr hoher Dosis, durch Traumata oder Schicksalsschläge), und manche ändern sich auch dann nicht. Bestimmt nicht dadurch, dass man ihnen was gut argumentiert sagt. Sparen Sie sich also die Spucke.

4. Menschen wollen sich in der Regel nicht ändern, weil es schmerzhaft ist, und die Verdrängung so wunderbar bequem und allmächtig. Man bleibt lieber bei dem diffusen chronischen Schmerz und latenter Unzufriedenheit und Anspannung. Die merkt man kaum noch, weil man sich selbst eh nicht mehr spürt.

5. Bedenken Sie wie schwer es ist, sich selbst zu ändern. Für Sie gilt das Gleiche wie oben. Deswegen bringt Therapie unter Umständen nichts, wenn sie nur auf der kognitiven Ebene bleibt. Sie müssen es emotional bearbeiten, das Neue fühlen und erleben, Verhaltensmuster und Gewohnheiten aufbrechen, bis tief ins Unbewusste und die Zellen hinein, damit eine tiefgreifende Veränderung stattfinden kann.[17]

6. Eine wahre Änderung ist erst vollzogen, wenn sie sich mühelos anfühlt und innerer Frieden Einzug hält, wenn sich nicht nur Ihr Verhalten, sondern Ihre Persönlichkeit verändert. Alles andere ist nur umdekorieren und meist nicht von Dauer. Das Neue muss erlebter und gelebter Teil Ihrer selbst werden.

7. Dauerhafte Änderung funktioniert ganz eindeutig nur von innen. Getreu dem Motto: Happiness is an inside job.

8. Änderung funktioniert folglich nur, wenn man sie an nichts im Außen hängt, oder den Dingen anhaftet, wie die Buddhisten es so schön sagen. Denken Sie an die Geschichte vom Bogenschützen.

9. Wenn es den inneren Frieden kostet, ist es zu teuer. Innerer Frieden scheint aber ein seltenes Phänomen zu sein.

10. Wenn Sie nicht mit sich absolut allein sein könnten, sind Sie nicht frei. Auch unter Menschen ist das Leben ziemlich einsam. Akzeptieren Sie das. Lernen Sie, gut mit sich allein zu sein, statt einsam. Bedenken Sie, der einzige Mensch, der Sie gewiss bis in den Tod begleitet, sind Sie selbst. Bei den anderen ist es ungewiss. Es gilt: lieber allein als in schlechter Gesellschaft. Die kostet zuviel.

11. Seien Sie freundlich zu sich selbst, bremsen Sie sich nicht selbst aus. „Das Leben schrumpft oder dehnt sich aus proportional zu unserem Mut." -Anais Nin

12. Aber es ist trotzdem so: ohne Liebe ist alles Nichts. Liebe und gelebte Nähe bringt aber gewiss Verwundbarkeit und damit Schmerz in Ihr Leben. Sie können nicht auf Distanz sein und lieben. Das ist hohl, da ist dann kein Leben drin.

13. Bedingungslose Liebe sollte es von den Eltern geben. Unter Erwachsenen lässt sich das nicht nachholen und führt zu sonderbaren Annahmen, wie z.B. diese „nimm mich wie ich bin, (egal wie viele Reifedefizite und ungelöste Probleme ich habe)." Das klingt nicht wirklich verheißungsvoll, oder? Verantwortung trägt ein jeder für sich selbst.

14. Verantwortung ist die conditio sine qua non. Wenn Sie nicht die Verantwortung für Ihr Leben und Ihre Handlungen übernehmen, so sind Sie nicht im Erwachsensein angekommen. Mirriam Prieß beschreibt es zutreffend wiederholt in ihren Büchern: „Es gibt keinen erwachsenen Grund, im Leid vergangener Beziehungen zu verharren. Es gibt keinen Grund, an Personen, Situationen oder Beziehungen beruflich wie privat festzuhalten, die uns schaden und in denen wir nicht glücklich sind. Es gibt keine Grundlage, »es nicht zu schaffen, zu gehen, oder es nicht zu schaffen, klärend auf Augenhöhe zu bleiben«. Sich als Erwachsener als Opfer zu fühlen kann nur dann geschehen, wenn wir uns nicht von der kindlichen Ebene verabschieden wollen. Ein Kind ist Opfer – ein Erwachsener ist immer auch Täter. Solange wir nicht bereit sind, das anzuerkennen, haben wir unser Elternhaus noch nicht verlassen und warten als kindlicher Erwachsener von unserem Umfeld hilflos wie vergeblich auf die nächste Wiedergutmachung. Die tatsächliche Heilung liegt am Ende nicht in der Anerkennung der kindlichen Verletzung, sondern in der Bereitschaft, in dieser Anerkennung auf die Kindheit endgültig zu verzichten und die kindliche Ebene für immer zu verlassen." [18]

15. Da zu lieben und altruistisch zu sein sehr kostspielig ist, sollten Sie die Menschen, denen Sie dies zukommen lassen, sehr sorgfältig aussuchen.

16. Leider kann man zu nett, zu großzügig, zu freigiebig und zu liebevoll sein... Sie werden dafür nicht mehr geschätzt, geschweige denn, dass Sie dasselbe zurückbekommen. Höchstens fordernde Vorwürfe, wenn Sie dieses Verhalten aufgrund von Einseitigkeit reduzieren oder einstellen.

17. Menschen reagieren auf Sie im Rahmen ihrer eigenen Beschränkungen und Möglichkeiten. Hören Sie deshalb auf zum Verstand des Unverständigen zu sprechen.

18. Wie ein Mensch Sie beurteilt, sagt deswegen in der Regel mehr über ihn als Sie aus. Geben Sie nicht viel auf Kritik. In der Regel ist Kritik einfach nutzlos und scheiße, und selten in echter Absicht, Sie liebevoll auf Ihre Schwächen hinzuweisen, um Ihnen zu helfen, ein besserer Mensch zu sein. Selten geht es darum Ihnen zwar etwas Unangenehmes zu sagen, was aber wirklich in Ihrem Interesse ist, ohne Sie zu verurteilen oder abzuwerten. Die Handvoll Menschen, die Ihnen diese Art von Feedback geben, hüten Sie wie wahre Schätze, denn das sind Ihre echten Freunde. Geben Sie nur etwas auf Ihre eigene Meinung und die dieser ausgewählten und erprobten Personen. Die Kritik anderer, die Sie in der Regel schlicht kleinmachen soll, und die Komplexe und Defizite anderer auf Sie projiziert, damit diese sich besser fühlen können, ignorieren Sie am besten.

19. Das klappt für gewöhnlich ganz gut, wenn Ihnen die Meinung anderer wirklich egal ist. Wirklich von Herzen egal. Und das nicht, weil Sie ein überheblicher arroganter Fatzke sind, sondern weil Sie sich wirklich so gut kennen, dass Sie getrost in sich ruhen können. Weil Sie Ihre Schatten nicht leugnen, sondern klar im Kontakt mit sich sind, aber auch Ihr eigenes Licht nicht kleinmachen, um irgendwem zu gefallen oder Leute in Ihrem Umfeld nicht zu verprellen. Wenn das „erforderlich" sein sollte, so sind Sie ohnehin total falsch da. Achten Sie genau mit wem und was Sie sich umgeben, denn:

20. Umfeld gewinnt immer. Achten Sie sehr darauf, was für Menschen Sie in Ihr Leben lassen, was für Inhalte Sie konsumieren (Fernsehen, online, Nachrichten, social media), was Sie grundsätzlich in Ihren Geist und Körper lassen.

21. Mitgefühl ist besser als Empathie, weil diese Sie in starke Gefühle (anderer) mit hineinzieht und dann beschränkt handlungsfähig macht. Mitgefühl befähigt Sie, am schweren Erleben des Anderen Anteil zu nehmen, ohne emotional verwickelt zu sein, das gibt einen ganz anderen Blick und Handlungsspielraum. In zu starken Gefühlen sollte man langfristige wichtige Entscheidungen tunlichst unterlassen, ganz egal, ob diese Gefühle sehr schlecht oder auch sehr gut sind. Auch Überschwang ist kein guter Ratgeber.

22. Man kann leider zu viel Mitgefühl und Verständnis haben, und dadurch das schlechte Verhalten eines anderen Menschen, weil man ja kann und versteht, auf sich nehmen. Leider bringen Sie damit weniger entwickelten und reflektieren Exemplaren lediglich bei, dass man es mit Ihnen machen kann. Bei allem Verständnis: freuen Sie sich, dass Sie dadurch ruhiger sind, und keinen zusätzlichen Stress ins System bringen, das an sich kann schon eine Entlastung sein. Aber: zeigen Sie klare Grenzen und fordern ein angemessenes und anständiges Verhalten Ihnen gegenüber. Sie bringen den Menschen sonst bei, dass sie Sie schlecht behandeln können und damit durchkommen.

23. Wenn ein Mensch sich durch sein Verhalten disqualifiziert, so hindern Sie ihn nicht daran und werfen ihn einfach aus dem Spiel. Das spart viel Leid, Kummer und Zeit und vor allem Energie, die Sie sinnvoll in andere Menschen und Dinge stecken könnten, die diese verdienen. Maya Angelou sagte so schön: „Wenn dir jemand zeigt, wer er ist, dann glaube ihm schon das erste Mal." Glauben Sie ihr.

24. Das bringt uns zum Thema persönliche Grenzen. Welches, wie mir scheint für viele Menschen eine unverstandene Großbaustelle ist. Die beste Definition einer persönlichen Grenze ist von Townsend und Cloud: "Denken Sie daran, dass es bei der Grenze immer um Sie geht, nicht um andere. Sie verlangen von Ihrem Partner nichts - nicht einmal, dass er Ihre Grenzen respektiert, [das ist der Punkt:]. Sie sind derjenige, der die Grenzen setzt, um zu zeigen, was Sie tun und lassen wollen. Nur diese Art der Begrenzung ist durchsetzbar, weil Sie selbst die Kontrolle haben. Mit Ihrem Verhalten erlauben Sie [...] Ihrem Partner, die Verantwortung für sein Verhalten zu übernehmen." [19] Das bedeutet, dass es in Ihrer Hand liegt, ob Sie die Grenzen schützen. Und es bedeutet, dass Sie im Zweifel selbst keine Angst vor der letzten Konsequenz haben: einem möglichen Ende der Beziehung.

Der letzte innere Konflikt lautet: Angst vor dem Verlassenwerden versus Schutz der eigenen Grenzen, was eigentlich wichtiger ist, denn wir fallen auseinander, wenn wir unsere eigenen Grenzen und uns selbst nicht respektieren....

Wenn die Angst, verlassen zu werden, die Oberhand gewinnt, hat der Partner freie Hand, auf uns zu scheißen und zu tun, was auch immer ihm beliebt (und er ist in der Regel gut darin, genau das zu erkennen und maximal auszureizen). Das gilt natürlich auch für andere als Paarbeziehungen, wobei hier das Thema Grenzen am deutlichsten zu Tage tritt. Wenn Sie sich selbst verleugnen und im Stich lassen, in dem Sie sich alles gefallen lassen, so werden Sie sich selbst dafür hassen, dass Sie es mit sich machen lassen, und denjenigen, der es tut. Das führt sicherlich zu nichts Gutem.

25. Sie benötigen zwingend klare moralische Prinzipien und Werte, an den Sie Ihr Leben ausrichten, denn diese geben Ihnen Halt und den Komfort, sich abends im Spiegel in die Augen sehen zu können. In schwierigen Zeiten und Beziehungen helfen Ihnen diese, Ihre Grenzen zu schützen und sich nicht wegzuwerfen, sondern für sich einzustehen und das Richtige zu tun und zu fordern. (Ich schreibe darüber ausführlicher im Buch „Radikale Praxis Seelenfrieden). Sie müssen Erwartungen und Standards haben, die nicht verhandelbar sind. Es liegt an Ihnen abzugleichen, ob Ihr Gegenüber diese teilt und ihnen gerecht wird. Es ist nicht Ihre Aufgabe, erwachsene Menschen zu erziehen. Sie können keinesfalls Menschen, die nicht so sind, dazu bringen so zu sein.

26. Genauso können in einer toxischen Umgebung nicht heilen. Sie sind kein Zen-Mönch, mit unerschütterlichem Gleichmut, also lügen Sie sich selbst nicht in die Tasche und hören Sie auf, unmenschliches von sich zu verlangen. Beachten Sie bitte auch, dass Zen-Mönche keine, und schon gar nicht toxische, Beziehungspartner haben. Stattdessen leben sie umgeben von moralisch gleichgesinnten und Mitgefühl übenden Menschen meist in schönster natürlicher Umgebung und führen ein geregeltes und gesundes Leben. Merken Sie was?

27. Paarbeziehungen:
Diese engste Beziehung ist die volle Teilnahme an den bewussten und verdrängten unbewussten Problemen und wie auch immer (ggf. dysfunktional oder gar toxisch) gearteten sonstigen bestehenden Beziehungen der anderen Person, z.B. Familie, Freunde, usw., die noch aktuell andauern, und auch auf Sie Auswirkungen haben werden.

Das gemeine ist, vieles wird erst durch die zunehmende Verbindlichkeit getriggert, weil dann die unter "Liebe" tief eingespurten Verhaltensmuster aus der Kindheit und etwaigen verkrachten Beziehungen zum Tragen kommen. Unbewusst stellen wir immer die früh "erlernten" engsten Beziehungen nach, weil das, egal wie schrecklich und lieblos es objektiv gewesen sein mag, das ist, was bei uns unter "Liebe" kleben geblieben ist. Da es unbewusst ist, springt es quasi automatisch an, wenn es "ernst genug" wird. Selbst wenn Sie Muster rational erkannt haben, reicht es noch nicht, dass diese nicht mehr anspringen. Im Verliebtsein sind wir alle auf besondere Weise Idioten, weil wir gerne Dinge sehen, die nicht da sind, wir sie uns aber wünschen und gerne hätten, und auch noch glauben, was der andere von sich selbst erzählt. Die traurige Wahrheit ist: selbst wenn er Sie nicht anlügt, ist sein Ego nicht in der Lage, ihn selbst zu sehen. Keine Sorge, Ihnen geht es genauso.

Also trifft eine Phantasie eine andere und erst in der Beziehung zeigt erst, was für unbearbeitete Probleme und Reifedefizite sich da eigentlich getroffen haben.

Das größte Geschenk, dass Sie sich selbst (und auch ihrem Partner) machen können - Sie werden glücklicher und Ihr Partner hat schlicht weniger unter Ihnen zu leiden - ist sich Ihrer mehr oder weniger offensichtlichen (Sucht-) Probleme anzunehmen, sich Ihre Verdrängung und Flucht vor schwierigen Emotionen einzugestehen und genau darauf zu schauen, denn diese müssen bearbeitet werden, damit Sie wirklich der Mensch werden können, für den Ihr eigenes kleines Ego sie bisher fälschlicherweise hält. Sie müssen sich selbst mit Ihrem Schmerz, schwierigen Emotionen und Ängsten konfrontieren, damit Sie in Ihrem Menschsein wachsen können und eine gute und liebevolle Beziehung führen können. Ihr Partner muss das für sich auch anstreben, denn für eine Beziehung braucht es zwei Gleichgesinnte. (Wie Sie dies tun können, und mit Ihren Emotionen arbeiten, und Ihre Beziehungen gestalten können, beschreibe ich ausführlich in: „Von Gestörten muss man sich fernhalten")

Es braucht sicherlich niemanden, der Ihnen Leid und Schmerz und Drama beschert, und meint, Sie sollten im "Namen der Liebe" seine Defizite er- und mittragen. Wenn Sie sich selbst erkennen, und weitestgehend ohne eigene Verdrängung funktionieren können, so sehen Sie auch viel klarer, wie Ihr Gegenüber wirklich ist. Hier gilt: wähle weise!

Die alten Griechen sagten, man geht Beziehungen ein, weil es das Erkennen beschleunigt, in einer Beziehung können Sie nicht auf Dauer vorgeben jemand zu sein, der Sie vielleicht gerne wären, faktisch aber nicht sind. Die Wahrheit, da sie sich vor dem anderen nicht ewig versteckt werden kann, quillt auf jeden Fall raus, und der andere lässt es Sie wissen... Sehen Sie also aufrichtig auf Ihr eigenes Verhalten, welches Sie zeigen, und fragen sich: verhält sich so der Mensch, für den ich mich halte/ der ich sein möchte? Ja es ist unendlich viel Arbeit, und niemand sagt, dass es leicht ist - aber es ist es wert. **Nicht nur** für die Beziehung, sondern auch für Sie selbst. Vor allem für Sie selbst.

28. Über narzisstische/ toxische Beziehungen:
Wenn Sie bereits zu Beginn „Rauch" erkennen sollten: gehen Sie weg. Gehen Sie auf keinen Fall tiefer rein, um zu sehen, ob es wirklich brennt oder wie sehr.

Für alle, die bereits in die Falle getappt sind: Verlieren Sie keine Zeit, Energie, Gesundheit und Liebe, die Sie Menschen schenken könnten, die es zu schätzen wissen. Erkennen Sie an, dass Sie in einer solchen Beziehung sind, akzeptieren Sie es als Tatsache/Realität, ziehen Sie die Konsequenzen. Gehen Sie. Diese Person ist so gestört, Sie kann und will Ihnen keine Liebe, Anerkennung und Zuneigung geben. Gehen Sie weg.

Denken Sie nicht darüber nach, versuchen Sie nicht, das Verhalten zu verstehen. Es ist eine psychische Störung, die asoziales, verletzendes und rücksichtsloses Verhalten beinhaltet, die aufgrund fehlender Einsicht/Verdrängung nicht behandelbar ist. Es ist kein Mysterium und wirklich nichts Neues, wenn Sie lange genug darin gesessen haben. Es ist eine Verschwendung Ihrer kostbaren Lebenszeit, ständig darüber nachzudenken. Erholen Sie sich von dem massiven Stress, seien Sie gut zu sich selbst, schützen Sie Ihre Grenzen (am besten kein Kontakt, löschen Sie die Person in den sozialen Medien, Sie haben ein Recht zu vergessen) und freuen Sie sich darüber, dass diese Person nicht mehr Teil Ihres Lebens ist. Seien Sie glücklich, frei zu sein und seien Sie glücklich über Ihr neues und unbeschwertes Leben. Sinnieren Sie um Gottes willen nicht über die Beziehung, wenn es vorbei ist. Geben Sie nicht einmal die kleinste Sekunde darauf. Die Vergangenheit ist tot. Es hat keinen Sinn, darüber nachzudenken. Tanzen Sie stattdessen lieber auf den Tischen, freuen Sie sich auf die guten Dinge, die kommen werden und genießen Sie Ihr Leben. Es wird Ihnen dieses niemand mehr vergiften…wenn Sie es nicht zulassen. Echte Freude ist wieder möglich, genießen Sie es.

29. Echte Freude ist übrigens nur möglich, wenn Sie sich nicht im permanenten Alarmzustand befinden und Ihre Grundbedürfnisse nach Sicherheit, Vorhersagbarkeit, Zugehörigkeit und Autonomie gestillt sind. Außerdem sollten Sie ausgeschlafen und nicht hungry sein. Andauerndes Drama und ein toxisches Umfeld, welches Sie runterzieht und belastet, weil es ständig neue Probleme und vermeintliche Schuld in ihr Leben bringt, gehört gewiss nicht dazu. Deswegen ist Punkt 20 so elementar wichtig. Es kostet IHRE Lebensfreude.

30. Singlesein sagt nichts darüber aus, wie man in einer Paarbeziehung ist. Da eben andere Mechanismen dann anspringen. Sie können ein glücklicher Single sein, und sich dennoch in einer unglücklichen Beziehung wiederfinden. Trotzdem sollten Sie ein glücklicher Single sein, gut mit sich allein sein zu können ist das Wichtigste.

31. Dating: verschwenden Sie bloß keine Zeit, sich darüber Gedanken zu machen, wie der andere Sie wohl findet. Seien Sie sie selbst, auf Dauer gibt es eh nichts anderes. Beobachten Sie genau: was ist das für ein Mensch eigentlich, was für Werte hat er? Lebt er diese? Was an ihm/ihr oder dem Verhalten dieser Person werde ich auf Dauer problematisch finden? Wie sind das Umfeld und die zwischenmenschlichen Kontakte dieser Person? Habe ich da wirklich Bock drauf? Übernimmt er/ sie die Verantwortung für das eigene Leben? Wenn Sie älter als 13 sind, wissen Sie schon, dass Verantwortung und Verlässlichkeit und ein klares moralisches Rückgrat und Loyalität sehr sehr sexy sind. Bitte verwechseln Sie auf keinen Fall problematisch mit interessant. Das ist nicht dasselbe.

32. Umgang mit anderen: Legen Sie bloß keinen Wert darauf, von anderen gemocht zu werden, sonst werden sie zu einem sich anbiedernden und nicht ernstgenommenen people pleaser, der zudem latent chronisch wütend ist, weil er nicht das bekommt, was er will: nämlich echte Anerkennung und Wertschätzung und zudem keine Gelegenheit das zu tun, was er wirklich will. Verwechseln Sie people pleasing nicht mit Loyalität, die echte sollte Ihnen selbst und Ihrem Partner, als wichtigsten Menschen in Ihrem Leben gehören. Erstaunlich viele people pleaser vernachlässigen das, um sich bei Fremden anzubiedern, um Eindruck zu machen und bei anderen zu Gefallen zu sein. Dabei lassen Sie sich selbst im Stich, und den vermeintlich bedeutendsten Menschen – weil der offenbar Verständnis dafür haben muss, dass Sie

vermeintlich nicht anders können. Das ist wirklich nicht auf Augenhöhe, und diese im zwischenmenschlichen Kontakt nicht zu haben ist schlicht unreif. Selbst nur pragmatisch gesehen, ist Ihr Partner doch der Mensch, mit dem Sie Ihr Leben und die meiste Zeit verbringen – es wäre schon allein gesunder Eigennutz dieser Beziehung Vorrang vor allem anderen zu eben, da es die meisten Auswirkungen auch auf Sie hat. Ist doch egal, was die Nachbarn denken. Kümmern Sie sich nicht darum, kümmern Sie sich um sich, um Ihre Liebsten und Ihr Zuhause.

Im Umgang mit anderen müssen Sie natürlich kein Asi sein, ein kultivierter und freundlicher Umgang sollte selbstverständlich sein – auch im Umgang mit dem Partner übrigens. Als Grundsatz begegnen Sie Menschen freundlich im Erstkontakt, und passen sich dann dem Gegenüber an. Dann geht es Zug um Zug, wie das Gegenüber sich verhält. So vermeiden Sie es, zu viel zu investieren, und in die Rolle wieder reinzufallen, sich alles zu Ihren Lasten gefallen zu lassen. Akzeptieren Sie die folgende Wahrheit über zwischenmenschliche Beziehungen: Sie sind keine Tomatensuppe, auf dass Sie alle mögen.

33. Wenn Sie allerdings etwas Schönes an Ihrem Gegenüber entdecken, etwas gut finden, oder besonders gut von ihm /Ihr gemacht: In Herrgottsnamen sagen Sie es laut. Wir sind mit Komplimenten viel zu geizig, und nehmen uns unnötigerweise die Freude sie zu geben und zu empfangen. Ein freundliches Miteinander und authentische Anerkennung ist Gold Wert in zwischenmenschlichen Beziehungen.

34. Halten Sie sich fern von Problemen anderer, lassen Sie nicht zu, dass diese zu den Ihren werden. Da gibt es zwei Ebenen. In der ersten versuchen Sie aktiv die Probleme anderer für diese zu lösen, indem Sie sich an Dingen aufreiben, die letztlich ohnehin nicht in Ihrem Einflussbereich sind (und zwar viel mehr als die eigentlich davon Betroffenen), was

sehr sinnlos ist und Sie viel Energie und Ihrer Zeit kostet. Beispiele: beeinflussen zu wollen, dass jemand „vernünftiger" ist, z.B. nicht trinkt, sich nicht selbst ständig in Schwierigkeiten bringt, sein Geld nicht verprasst; Konflikte für Dritte austragen (Stichwort Dramadreieck), oder Aufgaben erledigen, die die Menschen sehr wohl selbst übernehmen können, z.B. Hotel Mama für erwachsene Nesthocker usw., usf. Um das zu vermeiden, fragen Sie sich: kann ich das wirklich beeinflussen? (Sie können nur das wirklich beeinflussen was von Ihnen ganz allein! abhängt). Und zweite Frage: liegt es in meiner Verantwortung? Die bezieht sich auf Dinge die SIE getan oder unterlassen haben. Da beim Unterlassen die Abgrenzung schwieriger scheint: es geht nicht an, dass Sie sich in Schwierigkeiten bringen, oder moralisch falsch verhalten, um jemanden „zu helfen", z.B. für einen Freund lügen, dass er bei Ihnen war, obwohl er in der Zeit seine Frau betrügt, oder sich selbst gar in Gefahr bringen, oder kriminelle Handlungen begehen. Alles, was zu solchen Dingen führen würde, müssen Sie tunlichst unterlassen, weil dann ein Schaden für Sie entsteht. Das führt uns zu zweiten Ebene: ohne dass Sie aktiv werden, werden Ihnen die Probleme anderer zu Teil: z.B. indem Ihr Partner seinen Stress im Job an Ihnen auslässt, Ihre Nachbarin Ihnen regelmäßig Jammertiraden über Ihr schweres Leben /Krankheiten /Klatsch über andere nicht anwesende Menschen angedeihen lässt, die „überforderte" Kollegin Ihre Arbeit bei Ihnen ablädt, oder Ihre Freunde und Verwandten versuchen, für irgendwas in Ihnen Schuldgefühle zu wecken, damit Sie ihnen für ihre Zwecke zur Verfügung stehen. All das sind nicht Ihre Probleme, sondern die der anderen Menschen. In der Regel können Sie diesen Menschen definitiv nicht helfen, weil sie ihre Probleme gar nicht lösen wollen, die wollen das Drama, und dass jemand um sie herum springt und sich für sie verantwortlich fühlt.

Prüfen Sie dringend alle belastenden, schwierigen und kritischen Situationen in Ihrem Leben darauf, ob es wirklich

Ihre Baustelle ist. Wenn Sie es noch nie bewusst getan haben, so werden Sie staunen, wie viele Baustellen wegfallen. Dabei sollten Sie sich vielleicht nochmal auf Punkt Nr. 20 besinnen. Kümmern Sie sich in der Zukunft nur noch ausschließlich um die Dinge, die Sie wirklich beeinflussen können und die in Ihrer Verantwortung liegen.

35. Wenn Sie das Bedürfnis verspüren, sich zu engagieren und zu helfen, dann vergeuden Sie Ihre Zeit nicht mit Dramen einzelner Individuen, die diese getrost selbst lösen sollen. Sondern suchen Sie sich etwas, wofür Sie brennen, was Ihnen ein Anliegen ist, was Sie schön und schützenswert finden, und schauen sich nach passendem Ehrenamt in Kooperation mit Gleichgesinnten um. Es ist gut und wichtig, sich für etwas zu engagieren und sich um etwas zu kümmern, das größer ist als Sie selbst und über sie hinausweist.

36. Was aber tun, wenn Menschen, die Ihnen am Herzen liegen, ein für sie selbst überwältigendes Problem haben, und sich an Sie wenden? Seien Sie da, zeigen Sie Verständnis, nehmen sie an was da ist. Trösten Sie, wenn erforderlich. Dann suchen sie gemeinsam nach einer Lösung, überlegen Sie, ob Sie unterstützen können (nicht einspringen) oder ob fachmännische Unterstützung geholt werden muss. Z.B. bei Suchtproblemen, sie sind auch niemandes Therapeut und schon gar nicht seelischer Mülleimer, bei dem der andere ablädt, neue Energie tankt, und in eine andauernde Situation unverändert zurückkehrt, z.B. toxische Beziehung /Sucht/ finanzielle Probleme, etc. Sie können jemanden emotional beistehen, hier gilt es aber besonders auf gesunde Grenzen zu achten. Es sollte auch reziprok sein, denn es kommt der Moment, wo Sie sich ausweinen und verstanden und angenommen fühlen möchten. Um mehr sollte es nicht gehen. Wenn Sie sich x-Mal um das gleiche Thema drehen, ist eine Pathologie drin – also Vorsicht. Auch hier gilt, die Probleme anderer dürfen nicht zu den Ihren werden, auch wenn diese

Ihnen am Herzen liegen. Hier können Sie im Rahmen des gesunden Menschenverstandes unterstützen, die Probleme adressieren muss der andere selbst, ggf. mit fachmännischer Hilfe. Gerade bei psychologischen oder Suchtthemen scheuen viele den Fachmann. Da sage ich gerne: wenn dir der Zahn weh tut, dann gehst du auch nicht in den Keller, holst die Bohrmaschine und sagst: "ich mache das alleine!", oder?

Wenn man sich auch durchaus mit Hilfe seinen Problemen stellt, bleibt genug für einen selbst zu tun, es geht darum sich Fehler und unnötige Rückschläge zu sparen, und um das Problem möglichst wirkungsvoll anzugehen. Das Tun liegt immer noch bei einem selbst.

37. Wie Sie sonst noch Probleme vermeiden können: im Polnischen gibt es das geflügelte Sprichwort, dass es eine gute Angewohnheit ist, nichts zu verleihen (Dobry zwyczaj, nie pozyczaj). In der Regel laufen Sie ihrem Zeug hinterher, bekommen die Sachen kaputt oder beschädigt, oder gar nicht zurück. Sie haben davon definitiv keinen Vorteil, nur Ärger damit. Bei Geld sieht es noch schlimmer aus, bei kleinen Beträgen sind manche gar nicht gewissenhaft in der Rückgabe, bei großen kann das Verleihen zu sehr großen Problemen für Sie führen. Nichts zeigt das wahre Gesicht einer Familie wie eine Erbschaft... Verliehenes Geld kann das auch. Hüten Sie sich davor, zu jemandes zweiten Bank zu werden und zur regelmäßigen Geldquelle, wenn das eigene mal wieder ausgeht, das ist ein schwarzes Loch und so gar nicht Ihre Verantwortung. Geben Sie Süchtigen auf keinen Fall Geld. Aus dem Film „In den Straßen der Bronx" gibt es jedoch einen Lifehack, der durchaus mit verliehenem Geld funktioniert. Es gibt eine Szene, wo der junge Mann, der Schützling eines Mafiosos ist, sich darüber beklagt, dass ein Typ, der ihm immer noch 20 Dollar schuldet, seitdem immer vor ihm wegläuft. Darauf fragt ihn der Mafioso, ob er den Typ mag, und ob 20 Dollar für ihn viel sind. Da der Junge beides verneint, sagt der Mafioso: „Dann sei froh, ihn für 20

Dollar los zu sein." Verleihen Sie, wenn dann wohl kalkuliert... Zwinker, zwinker

38. Das bringt uns zum Thema Geld im Allgemeinen. Ich bin definitiv keine Autorität zum Thema Geld, hier aber (neben dem Verleihen) ein paar Dinge, die ich am eigenen Portemonnaie gelernt habe: es stimmt nicht, dass Geld den Charakter verdirbt. Es verstärkt ihn nur, weil Sie mehr machen können. Finanziell zu großzügig zu sein, zahlt sich nicht aus. In der Regel schenken Ihnen andere nichts.

39. Zum sonstigen Umgang mit Geld: gehen Sie keine Konsumschulden ein, kaufen Sie sich höchstens eine Immobilie auf Kredit, dieser sollte 20 % Ihrer monatlichen Einkünfte nicht übersteigen. Leben Sie nicht über Ihre Verhältnisse, geben Sie weniger aus, als Sie verdienen und schaffen Sie sich ein Finanzpolster, so dass das Leben Sie selten mit dem Rücken zur Wand stellen kann. Alles andere ist optional und ob und wie Sie Ihr Geld investieren, müssen Sie dann selbst entscheiden. Wenn Sie aber die o.g. Regeln befolgen, wird Ihr Geld Sie nicht unglücklich machen können, was sehr wichtig ist. Mit einem Plus auf dem Konto schläft es sich auch besser. Das, was an finanzieller Freiheit (wem sie vergönnt ist) so toll ist, ist nicht das Zeug, was Sie sich kaufen können, sondern das Gefühl, nie wieder etwas wegen Geld zu müssen und Herr über seine Zeit zu sein. So habe ich es zumindest gehört.

40. Geld hin oder her, das kostbarste Gut ist Seelenfrieden. Der kam eben schon vor als Mangelware. Wir kriegen ihn geraubt von anderen und den Umständen so scheint es, aber am meisten raubt ihr uns unser eigener Kopf (siehe mein Buch: „Radikale Praxis Seelenfrieden.") Treffend beschreibt es Sandra Parker in Ihrem Buch: „Embracing Unrest"[20]: „Die Sorge bringt ein (falsches) Gefühl der Kontrolle mit sich. Sorgenmacher sind sich sicher, dass sie sich Sorgen machen

sollten, selbst wenn die Chancen für ihre ängstliche Vorhersage so gering sind, dass sie der Gewinner einer Lotterie mit umgekehrten Vorzeichen wären, wenn ihre Vorhersage einträfe. Wenn Sie sich Sorgen machen, verlieren Sie sich in einer Geschichte. Sie bemerken nicht, dass Sie sich Sorgen machen, um Unruhe zu vermeiden. Sie sind sich sicher, dass etwas "da draußen" Ihre Aufmerksamkeit braucht. *Die Sorge lenkt Sie von der verletzlichen Wahrheit ab, dass Sie keine ultimative Kontrolle und Gewissheit haben.*

Sorgen sind nicht dasselbe wie gesunde Planung. Es ist ein Durchspielen beängstigender Möglichkeiten, bei dem man sich einbildet, dass das "Was-wäre-wenn" sie verhindern oder bewältigen wird.

Die schreckliche Ironie besteht darin, dass man in einer imaginären Welt lebt, in der immer wieder schlimme Dinge passieren, wenn man Unruhe vermeidet und glaubt, dass man es nicht ertragen kann, wie es sich anfühlen würde, wenn schlimme Dinge passieren."[21]

Mit Rumination und negativen Gedankenspiralen versaut man sich das Leben selbst. Wenn Sie Szenarios wiederkäuen, oder „vorwegnehmen" wollen, um sich zu schützen, so ist das ein fehlgeleitete und nicht wirksame, sondern eine Sie selbst schädigende „Selbstschutzmaßnahme" aus der Kindheit. Sie diente einst dazu, Ihnen, wo Sie faktisch hilflos waren, die Illusion von Kontrolle zu geben und den empfundenen Schmerz zu lindern, indem Sie sich „Lösungen" vorgaukelten und sich mit dem Gedankenkreisen von den unaushaltbaren Gefühlen ablenkten. Gut gelernt funktioniert das heute noch, da die Gefühlslage ähnlich schlecht ist, und dieses Bewältigungsinstrument als einziges zur Verfügung steht, und bestens eingeübt ist. Was gilt es zu tun? Fragen Sie sich:

„Was passiert eigentlich in diesem Moment? Nur Gefahr rechtfertigt eine schützende Kampf- oder Fluchthandlung. Handelt es sich um eine Gefahr (Bedrohung von Leib und

Leben im Moment)? Wenn ja, kämpfen oder fliehen [Sie]. Handelt es sich um Verletzlichkeit (aufsteigende Emotionen, Unsicherheit, Grenzen der Kontrolle - mit anderen Worten: Unruhe)? Wenn ja, beruhigen Sie den Körper durch zugewandtes Interesse und Nichtbeurteilung. Handelt es sich um Angst (bedrohliche Filme und Geschichten über die Zukunft oder Vergangenheit)? Wenn ja, blockieren Sie die beängstigende Geschichte und beruhigen Sie den Körper. Hinweis: "Zukünftige Gefahr" ist keine Gefahr, sondern Angst, weil sie nicht im Moment besteht. Wird die Erregung durch die Aufmerksamkeit auf die Empfindungen verringert oder bleibt sie erhöht? Wenn die Erregung nicht nachlässt, suchen Sie nach einem Film oder einer Geschichte, die im Hintergrund läuft und Sie daran hindert, präsent zu sein. Das größte Indiz dafür, dass ein Gruselfilm läuft, ist unnachgiebige körperliche Erregung trotz Ihres geduldigen, herzlichen Interesses und Ihrer Nichtbeurteilung. Erzählen Sie, was Sie fühlen, oder sind Sie im Moment und spüren Ihren Körper? Was passiert eigentlich in diesem Moment?

WAS TUN: Erinnern Sie sich daran, dass Angst die Flucht aus der Unruhe ist, die durch Geschichten erzeugt wird. Einfach nur auf die Körperempfindungen zu achten, während die Geschichten weiterlaufen, wird Ihren Kummer nicht lindern. Sie müssen zwischen Angst und Unruhe unterscheiden. Unruhe wird durch Aufmerksamkeit besänftigt, Angst kehrt immer wieder zurück. Benennen Sie die Geschichte und sehen Sie, wie sie versucht, Sie von der verletzlichen Realität wegzuführen. Entscheiden Sie sich, dieser Geschichte keine Energie mehr zu geben. Dann spüren Sie die Unruhe, bis sie in der Wärme ihrer inneren Aufmerksamkeit schmilzt.[22]

Wenn es Ihnen ganz bewusst wird, dass das Gedankenkreisen und Sorgenmachen nur ein sinnloser, nur Sie schädigender vermeintlicher Schutzmechanismus ist, der Ihnen alle Energie raubt und das Leben vergiftet, fällt es

Ihnen leichter, davon abzulassen. Sagen Sie den Gedanken STOPP und erden Sie sich in der Gegenwart, fühlen Sie in Ihren Körper, spüren Sie ihren Emotionen nach. Spüren Sie, worum es eigentlich geht:

41. Wenn Sie Anspannung verspüren, wird damit eigentlich nur eine Wachstumsmöglichkeit angezeigt. Je besser Sie in Kontakt mit all Ihren Emotionen sind, sie lesen können und auch aushalten können, ohne sie direkt „wegmachen" zu wollen, umso mehr können Sie über sich selbst lernen, und umso reifer sind Sie als Mensch. Umso mehr Seelenfrieden haben Sie. Ihn zu haben bedeutet, so wie ich es jetzt verstehe, nämlich nicht, im ewigen (gedämpften) Gleichmut zu sein, oder auf ewig überschäumend glückselig zu sein, sondern es geht dabei darum: „Es geht also für jedes Lebewesen nicht um das Erreichen eines Zustandes, sondern um das Gestalten eines Prozesses. Deshalb müsste das, was Aaron Antonovsky „Kohärenzgefühl" genannt hat, treffender als „Kohärenz-Wiederherstellungs-Kompetenz-Gefühl" bezeichnet werden. Diese Überzeugung, dass es nichts in der Welt mehr gibt, was ihr inneres Gleichgewicht zu bedrohen vermag, wie sie für alle Störungen und Probleme eine geeignete Lösung findet, kann allerdings nur eine Person herausbilden, die zeitlebens die Erfahrung machen konnte, dass sie imstande war, unterschiedliche im Leben auftretende Probleme und Herausforderungen so zu lösen und zu meistern, dass die damit einhergehende Inkohärenz im eigenen Gehirn immer wieder in einen etwas kohärenteren Zustand verwandelt werden konnte. Menschen, die dieses Gefühl haben, sind zu beneiden. Sie sind glücklich, sie bleiben gesünder, sie gestalten ihr Leben mit Freude und Leichtigkeit und sie hören nicht auf, sich zeitlebens über jede eigene Weiterentwicklung zu freuen."[23] Ich möchte Sie allerdings, denn das Zitat lässt vermuten, dass dies nur wenigen auserwählten Glückspilzen gelingt, ermutigen, die Dinge anzugehen. Selbst wenn Sie bisher aufgrund Ihrer Kindheit und sonstiger

Konditionierung durch Ihre bisherige Lebenserfahrung nicht weitestgehend im Zustand der Kohärenz gelebt haben (wie man ihn erreicht und in seinem Leben etabliert, und mit seinen Emotionen umgeht, beschreibe ich ausführlich in meinen vorigen Büchern), so sind Sie jetzt erwachsen und können ab sofort damit anfangen. Hier und jetzt gilt es zu verstehen, dass das Einzige, was Sie müssen, nur sterben ist. Alles andere ist optional, aber alles, was Sie tun oder lassen bringt aber unweigerlich Konsequenzen für Sie mit. Unsere unreifsten und uns als Erwachsene selbst hemmenden (Nicht) - Entscheidungen sind die, die wir treffen, um schwierige Gefühle nicht zu spüren oder aus Angst (meist vor sozialen Konsequenzen, und der Aussicht dann allein zu sein). Wenn es letztlich wir selbst sind, die uns daran hindern, dem Leben und den anderen Menschen auf Augenhöhe zu begegnen, und nach tragfähigen und uns angemessenen Lösungen zu suchen.

42. Und so schließt sich der Kreis: alle unsere Probleme resultieren daraus, unsere Emotionen nicht sehen zu wollen, nicht fühlen zu wollen, sich vor den Konsequenzen unseres eigentlichen Wollens zu fürchten, aus Angst von anderen ausgeschlossen zu sein. (Siehe Punkt 1). De Mello hatte Recht, als er sagte: „Der Weg des Erleuchteten ist einsam." Das heißt aber nicht, dass Sie nicht unter Menschen sein können. Sie sind dann aber frei. Für manche davon sind Sie allerdings eine Bedrohung, weil die üblichen „Knöpfe" bei Ihnen nicht funktionieren. Fürchten Sie ernsthaft, solche Idioten zu „verlieren"? Wachen Sie auf!

43. „Angst ist ein unbestimmtes Gefühl der Beklemmung oder Besorgnis, ausgehend von wenig spezifizierbaren Einflüssen, die als potentiell bedrohlich wahrgenommen werden. Furcht hingegen wird durch konkrete Reize, Objekte oder Situationen, ausgelöst und resultiert in einer Furcht oder

Alarmreaktion."[24] In Punkt 40 und 41 habe ich es angesprochen, dass Gedankenkreisen zu möglichen negativen Konsequenzen oder das immer wieder durchleben von unerfreulicher Vergangenheit ein fehlgeleiteter Bewältigungsmechanismus ist, der sich selbst am Leben erhält und befeuert, wenn die Gedanken nicht zum Schweigen gebracht werden. Dadurch sind Sie in chronischem Alarmzustand (im Sympathikus) und unfähig zu entspannen. Wenn Sie wissen möchten, ob es noch sinnvolle Planung von möglichen Ereignissen handelt, oder ob es Sorgenmachen ist, ist die Unterscheidung ganz einfach: schauen Sie, wie Sie sich danach fühlen, und ob es überhaupt ein danach gibt. Planung ist z.B. einen Businessplan machen, sich Strukturen und Abläufe überlegen, und wie man sie optimieren könnte; zu erwägen, was für Themen man in einem Gespräch, ob beruflich oder privat, ansprechen möchte, und auf welchen Ausgang man hinzielt (mit der Klarheit, dass es nicht zwingend so kommen muss). Irgendwann sind Sie zufrieden mit den Ideen und das Thema ist damit erledigt. Gedankenkreisen nimmt kein natürliches Ende und Sie leiden immer mehr. Die Empfehlungen aus den genannten Punkten helfen Ihnen, dieses sinnlose Leiden zu beenden. Die Abwesenheit vom Leid kann schon sehr viel zu unserem Glück beitragen, sie ist gerade bei pathologischen unnötigen selbst zugefügten Schmerzen notwendige Bedingung. Ich möchte Ihnen das Sorgenmachen gründlich ausreden, wie Sie sehen, weil der Preis dafür enorm hoch ist.

44. Das, was Sie stattdessen brauchen, ist die grundlegende Einstellung: *"Was auch immer mir das Leben bringt, ich kann dem begegnen und Wege finden, damit in meinem bestmöglichen (langfristigen) Interesse umzugehen."* Es muss Ihnen nicht gefallen was passiert, oder nach Ihren Vorstellungen laufen; das Leben bringt unweigerlich Probleme und Herausforderungen mit sich. Aber Sie trauen sich selbst über den Weg, und verlassen sich auf Sie selbst. Viele der diffusen

Ängste, die wir in Gedankenmühlen zermahlen und trotzdem nicht kleinkriegen, sind nicht wirklich darin begründet, dass wir nicht wissen (und auch nicht wissen können), was uns ggf. jemand anderes antut, sondern dass wir uns selbst nicht zutrauen, für uns selbst einzustehen und uns nicht klar sind, ob wir uns selbst im Stich lassen. Hier liegt der Hund begraben.

45. Wenn Sie diese Einstellung leben können, so können Sie den Dingen entspannter und gelassener begegnen. Stress wird unweigerlich kommen, und Sie aus dem Parasympathikus in den Sympathikus schießen. Mit allen Ressourcen, die Sie haben, können Sie aber aktiv für Ihr Wohlergehen sorgen. Da wir nicht nur denkender Kopf, sondern auch fühlender Körper sind, ist es wichtig, die Stressreaktion im Körper abzubauen. Ein großer Teil unseres chronischen Stresses liegt mit darin begründet, dass wir die natürliche Stressreaktion des Körpers nicht mehr vollständig durchlaufen. Zum einen sind die Auslöser in der Regel nicht mehr der Kategorie „Gefahr für Leib und Leben" zuzurechnen, und Kampf oder Flucht ist z.B. bei sozialem Stress als Reaktion nicht angebracht, und wird unterdrückt. Und hier beginnt das eigentliche Problem. Eine an sich segensreiche und gesundheitsfördernde Reaktion, wird gehemmt und dadurch selbst zum Problem. „Ihr Körper liebt akuten Stress. Dieser Prozess von Höhepunkt und Erholung - die Aktion des sympathischen Nervensystems, gefolgt von der Aktion des parasympathischen Nervensystems, das die Zellreinigung und -reparatur auslöst - ist wunderbar für uns. In der Tat brauchen wir ihn. Genauso wie Ihr Haus regelmäßig geputzt werden muss, müssen dies auch Ihre Zellen tun, und akuter Stress ist ein Prozess, durch den diese Reinigung erfolgt. Wir brauchen Ruhe und Entspannung, ja, aber wir brauchen auch positiven Stress. Wir brauchen beides. Vor allem mit zunehmendem Alter neigen wir dazu, in Ruhe einen

niedrigeren Vagustonus zu haben, was zu trägen autonomen Stressreaktionen führt: Wir bekommen weniger von den scharfen Ein-Aus-Reaktionen in den Verzweigungen des Nervensystems. Umso wichtiger ist es, "positiven Stress" zu bekommen. Wenn wir uns absichtlich und wiederholt akuten Stress zufügen, machen wir uns unsere natürliche Fähigkeit zunutze, stärker zu werden. Wir wissen, dass dies vorteilhaft ist - dass es gesund für den Körper ist und dass es uns hilft, mit künftigem Stress umzugehen. In Tierversuchen mit Organismen wie Mäusen und Würmern hat sich gezeigt, dass kurze Schübe von hormetischen Stress tatsächlich das Leben verlängern."[25] Das bedeutet, dass Sie angestauten Stress im Alltag körperlich abbauen müssen, ohne jemandem in die Fresse zu hauen. Dazu eignet Sport, der den Herzschlag in die Höhe schnellen lässt, hervorragend. Bearbeiten Sie einen Boxsack, machen Sie Intervallläufe oder HIIT. Danach können Sie die dann erst mögliche Erholung vertiefen. Wenn Sie nach einem stressigen Tag beim Versuch, die Anspannung wegzumeditieren dabei die blanke Wut erfasst hat, haben Sie hier die Erklärung: Sie müssen den Stress zuerst metabolisieren, bevor Sie in die Entspannung gehen können. Dann können Sie auch die Vorteile der Meditation vollumfänglich nutzen. (Mehr darüber in Radikale Praxis Seelenfrieden, so dass ich es hier nicht wiederholen werde.)

46. Wiederholung ist allerdings der Schlüssel zu allem: „Sie werden Ihr Leben nie ändern, solange Sie nicht Ihre täglichen Gewohnheiten ändern. Das Geheimnis Ihres Erfolgs liegt in Ihrer täglichen Routine." Darren Hardy

Sie wiederholen den ganzen Tag etwas, ob es Ihnen bewusst ist oder nicht, ob es für Sie zuträglich ist oder nicht. Selbst unsere Gedanken gleichen denen vom Vortag zu über 90 Prozent, was erklärt, warum wir in ewig gleicher Soße schwimmen, und von dort wegzuschwimmen so unfassbar schwer ist. Jetzt ist wieder Zeit für ein de Mello Zitat: „Bewusstsein, Bewusstsein und Bewusstsein". Das brauchen Sie wirklich. Ihnen muss klar sein, was es Ihnen den ganzen Tag so denkt, und wenn Sie sich in Gedankenspiralen erwischen, diese sofort unterbrechen, und sie gegen förderliche und hilfreiche Gedanken tauschen, z.B.: „Egal was kommt, ich kann dem begegnen."

Da gegen Gewohnheit nur Gewohnheit hilft: analysieren Sie Ihren Tagesablauf und ersetzen schlechte durch gute Gewohnheiten. (Dazu auch mehr in den vorigen Büchern, vor allem in „Seelenfrieden".) Wobei Sie hoffentlich hier einige Anregungen für Veränderungen gefunden haben, besonders was Ihre Denkweise angeht. Damit Ihre Zukunft gedeihen kann, beachten Sie Punkt 20 und formen Ihre Gewohnheiten und Ihr Umfeld entsprechend. Und dann gilt es nur noch eins zu tun: das, was Sie als richtig erkannt haben: machen. Immer und immer wieder. Bis Sie gar nicht anders können.

47. Glücklich - Sein oder wie auch immer Sie es nennen möchten, ist nicht nur die Abwesenheit von unnötigem Leid. Wobei dies schon sehr viel ausmacht. Ihre Einstellung ist von enormer Bedeutung. Hier stichwortartig noch eine kurze Zusammenfassung nach Dr. Epel: „Das Unerwartete wird passieren, und das ist in Ordnung. Ich kann meine Erwartungen dämpfen. Ich kann mich zurücklehnen, entspannen und die Erfahrungen auf mich zukommen lassen. Ich kann die Dinge loslassen, über die ich keine Kontrolle habe. Ich kann den zusätzlichen Ballast ablegen. Stress kann aufregend sein! Ich kann mich durch Herausforderungen motiviert und energetisiert fühlen. Ich kann mich bei akutem Stress entspannen und ihn abbauen. Mein Körper liebt eine gute Stressreaktion. Ich kann die Natur die Arbeit machen lassen, mein Nervensystem wieder ins Gleichgewicht zu bringen. Ich bin ein Teil der Natur. Ich verdiene Ruhe. Ich werde mir Entspannung, Schlaf und tiefe Ruhe nicht länger vorenthalten. Freude lässt Stress schrumpfen. Je mehr ich

meinen Kelch mit Freude fülle, desto weniger kann ich die Bitterkeit von Stress und Kampf schmecken."[26]

48. Wie Sie den Kelch am besten mit Freude füllen? Mit Dankbarkeit: „Sie fühlt sich nicht nur gut an, sondern trägt auch zu größerem Wohlbefinden und besseren Beziehungen bei. Wer dankbar ist, das zeigen Studien, leidet weniger unter Angst, Ärger, Stress, Schlafstörungen, körperlichen Krankheitssymptomen und Depressionen. Warum hat Dankbarkeit so viele positive Auswirkungen? Ein Grund dafür, so nehmen die Psychologen an, ist die Tatsache, dass eine angenehme Emotion wie Dankbarkeit nicht gleichzeitig mit negativen Gefühlen wie Angst oder Ärger gefühlt werden kann. Ein anderer Grund kann darin liegen, dass Dankbarkeit das soziale Miteinander unterstützt. Denn Dankbarkeit heißt auch Verbundenheit - und das ist etwas, was lebenswichtig für uns ist. Studien zeigen: Jemand anderem zu danken, tut nicht nur einem selbst gut, sondern auch demjenigen, dem man dankt. Denn unser Dank bedeutet soziale Anerkennung - ein äußerst wirksames Mittel, Beziehungen zu stärken. Der Dank wirkt sogar auf den Dankenden selbst zurück. Denn wer dankt, fühlt sich anschließend verbundener mit dem, dem er gedankt hat. Das Zusammenleben wird angenehmer. Und die Wirkung potenziert sich: Wer mit dankbaren Menschen zusammen ist, entwickelt ebenfalls mehr Dankbarkeit.
Dankbar sein macht glücklicher [und glücklicherweise kann man lernen dankbar zu sein]. Zum Beispiel mit einem Dankbarkeits-Tagebuch, in das man jeden Tag ein paar Erfahrungen schreibt, für die man an diesem Tag dankbar sein kann. Das muss gar nichts Großes sein. Vieles, was wir für selbstverständlich halten, kann Anlass für Dankbarkeit sein. Ein schöner Moment, an dem die Sonne durch das Laub schien. Eine nette Geste eines Kollegen. Das gelungene Treffen mit einer Freundin oder einem Freund. Die frische Luft. Dass es heute nicht regnet. Oder dass es nach langer

Trockenheit endlich wieder einmal regnet. Dass man gesund ist oder gerade keine Schmerzen hat. Oder dass regelmäßig Essen auf dem Tisch steht.[27] Dankbarkeit schlägt vieles um Längen.

49. Ansonsten gehen Sie in die Natur. Gehen Sie langsam. Beobachten Sie. Fühlen, hören, schmecken und riechen Sie. Merken Sie was?

50. AMOR FATI[28]: Sie gehen entspannter durch das Leben, wenn Sie es mit allen Facetten, dem Guten, dem Schlechten annehmen, und nicht mit der Realität kämpfen. Letztlich ist es so: wir wollen was er-leben und kein gleichmütiger Stein sein. Wir wollen vom Leben berührt, bewegt werden, dass etwas Neues passiert, etwas Unvorhergesehenes, etwas das Würze in den Alltag bringt. Die meisten meiner schönsten Erlebnisse waren absolut spontan, entstanden aus einer Stimmung oder Situation, von der ich im Vorfeld gar nichts wusste. Viele im Rückblick gelungene und besondere Erlebnisse erwuchsen daraus, dass etwas komplett schief gegangen ist. Und dann kam etwas Besseres, oder es wurden ganz andere Dinge plötzlich möglich. Man kam spontan auf einer tieferen Ebene mit völlig Fremden in Kontakt, und es berührte einen (in dem Falle mich). Wenn Sie die Zuversicht haben, dass Sie alles halten können, weil Sie in sich eine sichere Basis haben, was soll passieren?

[1] https://de.wikipedia.org/wiki/Weisheit aufgerufen am 11.11.2021

[2] https://www.klinikum-nuernberg.de/DE/ueber_uns/Fachabteilungen_KN/kliniken/psychosomatik/leistungen/docs-pics/Corona_Entspannungs_Podcast/Folge_5_Der-Ring.pdf aufgerufen am 16.11.2021

[3] http://www.allreadable.com/fad3An72 aufgerufen am 17.03.2022
Hier die deutsche Übersetzung:
"Wenn Sie also bequem sitzen, werde ich Ihnen die Geschichte erzählen. Vor langer Zeit, in einer der Zeiten, als es noch Paläste gab, nicht mit Politikern und Diktatoren, sondern mit echten Kaisern. Kaiser, die da waren, weil sie klug waren, weil sie weise waren, weil sie stark waren und weil sie sehr effektiv herrschten. Und dann passierte es, dass der Kaiser auf einer Geschäftsreise war. Und während seiner Abwesenheit kam ein Monster herein. Es war ein Dämon. Hässlich, furchterregend, erschreckend. Und weil dieses Monster so furchteinflößend war, erstarrten alle Soldaten, Wachen und Leute, die Besucher davon abhalten sollten, zur falschen Zeit hereinzukommen - sie erstarrten vor Schreck und erlaubten diesem Monster, direkt in die Mitte des Palastes zu gehen und sich auf den Thron des Kaisers zu setzen. Und als das Monster sich auf den Stuhl des Kaisers setzte, ging das zu weit. Da kamen die Wachen zur Besinnung und sagten: "Raus hier! Du hast hier nichts zu suchen! Was glaubst du, wer du bist?! Das ist der Stuhl unseres Kaisers, da kannst du dich nicht hinsetzen." Und auf diese wenigen unfreundlichen Worte und Taten hin wurde das Monster noch ein Stück größer. Es wurde furchterregender, stinkender und beleidigender. Und das brachte alle Leute im Palast in helle Aufregung. Sie holten ihre Schwerter heraus und ballten die Fäuste: "Wenn du deinen Hintern nicht bewegst, werden wir ihn mit unseren Schwertern zerhauen, verschwinde! Schnell!" Aber mit jedem unfreundlichen Wort, jeder unfreundlichen Tat, ja sogar mit jedem unfreundlichen Gedanken wurde das Monster jedes Mal ein Stück größer, hässlicher, stinkender, und die Sprache wurde schlimmer. Und so ging es eine ganze Weile, bis schließlich der Kaiser zurückkam. Und er kam zurück

in seinen Palast, in seinen Thronsaal, und er sah dort dieses unglaublich große, furchterregende Monster. Es war so groß, dass es den größten Teil des Thronsaals einnahm. Riesig. Apropos fett und beleibt. Dieses Monster, ich habe nichts gegen dieses Monster. Der einzige Grund, warum ich zunehme, ist übrigens, dass sich der Buddhismus ausdehnt, und das tue ich auch. Aber zurück zu dem Monster. Das war ein fettes Monster. Und es war so hässlich, ich meine wirklich beängstigend, wie ich in der Geschichte sagte, dass der große Steven Spielberg mit all den Ressourcen von Dreamworks nicht in der Lage war, etwas so Beängstigendes zu erschaffen. Ich habe Alien nie gesehen. Aber die Leute sagen, das sei das furchterregendste Monster im Kino. Stimmt das? Ich weiß es nicht, aber dieses Monster war hundertmal so furchterregend wie Alien. Es war erschreckend. Und der Gestank, der von diesem Monster ausging, war so schlimm, dass die Maden, die über seinen Körper krabbelten, sich übergeben mussten - ihnen war schlecht. Sie haben sich übergeben. Und die Sprache, die Sprache dieses Monsters war schlimmer, viel schlimmer, als man in Northbridge hören würde, nachdem die West Coast Eagles (ein australischer Fußballverein) geschlagen wurden. Es war ein sehr krankes Ungeheuer. Aber der Grund, warum der Kaiser Kaiser war, war seine große Weisheit. Er sah dieses schreckliche, riesige, stinkende Monster und wusste, was zu tun war. Er sagte das wunderbare Wort "Willkommen". Willkommen Ungeheuer. Danke, dass du gekommen bist. Und daraufhin wurde das Monster einen Zentimeter kleiner. Es wurde weniger hässlich, die Maden hörten auf zu kotzen, und seine Sprache wurde besser. Und die Menschen um ihn herum erkannten ihre Fehler. Anstatt zu sagen: "Verschwinde" und wütend zu werden, begannen sie, freundlich zu dem Ungeheuer zu sein. Willkommen, willst du etwas zu essen? Wie wär's mit einer Pizza? Monstergröße. Etwa drei oder vier von ihnen stiegen auf die Füße des Monsters, um ihm eine Fußmassage zu geben. Du hattest eine Fußmassage? Oh, es ist so selten, eine Fußmassage zu bekommen, wenn man ein Monster ist. Das Monster - "ooh, ein bisschen da drüben, ooh, das ist genau richtig, da." Und sie gaben ihm auch eine Tasse Tee. Sie sagten: "Willst du eine Tasse Tee oder eine Tasse Kaffee? Weißt du, wir haben Dilmar, aus Sri Lanka. Wir haben Pfefferminztee, der ist gut für deine Gesundheit." Und es gab ... ein oder zwei Stückchen Honig. Sie waren so nett zu diesem Monster. Und mit jeder freundlichen Tat, jedem Wort oder Gedanken wurde das Monster einen Zentimeter kleiner, weniger hässlich, weniger stinkend, weniger anstößig. Und bald war das Monster wieder so groß wie bei seinem ersten Besuch. Sie hörten damit nicht auf. Sie setzten ihre Freundlichkeit so sehr fort, dass das Monster bald so klein war, dass eine weitere freundliche Geste genügte, um das Monster ganz verschwinden zu lassen. Und so wurde das Ungeheuer aus dem Palast des Kaisers entfernt. Nicht mit "Raus hier, du gehörst nicht hierher". Sondern mit "Willkommen, danke, dass du gekommen bist. Was kann ich für dich tun?" Der Buddha erzählte diese Geschichte, das ist eine echte Geschichte, aus dem Uddana im Tipitaka. Ich habe nur ein paar Details hinzugefügt, wie die Pizza, die nicht [im Original] war ... das Gleiche gilt für die Fußmassage, die habe ich hinzugefügt. Aber die Essenz ist da. Der Zorn ... und der Buddha sagte, zu den Mönchen, er sagte, wir nennen das einen Zorn-fressenden Dämon. Und als ich das zum ersten Mal las, dachte ich "wow". Das ist eine mächtige Botschaft, der zornfressende Dämon. Wenn man ihnen Wut gibt, dann fressen sie das. Das ist es, womit sie wachsen. So werden sie immer mächtiger. Das macht sie größer, stärker und negativer. Sie ernähren sich von deinem Unwillen. Und ich habe das so oft gesehen, bei Menschen, die ich beobachtet und mit denen ich gearbeitet habe. Du gibst ihnen das Problem - Wut, "verschwinde von hier, du gehörst nicht hierher.

[4] https://www.freizeit-stuebchen.de/t12096f6-Wie-sind-die-Menschen-hier-in-der-Stadt.html aufgerufen am 20.03.2022

[5] https://www.jetztnichtmorgen.com/?p=6664 aufgerufen am 26.09.2022

[6] Roth, Gerhard: Warum es so schwierig ist, sich und andere zu ändern. Persönlichkeit, Entscheidung und Verhalten. Klett-Cotta 2020. S. 426 ff

[7] Ebenda. S. 302

[8] https://www.bernds-journal.de/lotterie-ein-jiddischer-witz/ aufgerufen am 29.09.2022

[9] https://www.kirche-im-swr.de/beitraege/?id=15448 aufgerufen am 29.09.2022

[10] https://utekowalski.de/pages/topics/mist-973.php aufgerufen am 29.09.2022

[11] Christan Andersen: Des Kaisers neue Kleider. https://www.labbe.de/Des-Kaisers-neue-Kleider aufgerufen am 23.11.2022

[12] Hierzu gibt es das schöne Gedicht „Freunde" des polnischen Nationalpoeten Adam Mickiewicz:

Przyjaciele

Nie masz teraz prawdziwej przyjaźni na świecie;
Ostatni znam jej przykład w oszmiańskim powiecie.
Tam żył Mieszek, kum Leszka, i kum Mieszka Leszek.
Z tych, co to: gdzie ty, tam ja, - co moje, to twoje.
Mówiono o nich. że gdy znaleźli orzeszek,
Ziarnko dzielili na dwoje;
Słowem, tacy przyjaciele,
Jakich i wtenczas liczono niewiele.
Rzekłbyś; dwójduch w jednym ciele.

O tej swojej przyjazni raz w cieniu dąbrowy
Kiedy gadali, łącząc swojo czułe mowy
Do kukań zozul i krakań gawronich,
Alić ryknęło raptem coś koło nich.
Leszek na dąb; nuż po pniu skakać jak dzięciołek.
Mieszek tej sztuki nie umie,

Tylko wyciąga z dołu ręce: "Kumie!"
Kum już wylazł na wierzchołek.

Ledwie Mieszkowi był czas zmrużyć oczy,
Zbladnąć, paść na twarz: a już niedźwiedź kroczy.
Trafia na ciało, maca: jak trup leży;
Wącha: a z tego zapachu,
Który mógł być skutkiem strachu.
Wnosi, że to nieboszczyk i że już nieświeży.
Więc mruknąwszy ze wzgardą odwraca się w knieję,
Bo niedźwiedź Litwin miąs nieświeżych nie je.

Dopieroż Mieszek odżył... "Było z tobą krucho! -
Woła kum, - szczęście, Mieszku, że cię nie zadrapał!
Ale co on tak długo tam nad tobą sapał.
Jak gdyby coś miał powiadać na ucho?"
"Powiedział mi - rzekł Mieszek - przysłowie niedźwiedzie:
Że prawdziwych przyjaciół poznajemy w biedzie".

https://literat.ug.edu.pl/amwiersz/0023.htm aufgerufen am 01.10.2022

[13] https://www.lateinheft.de/phaedrus/phaedrus-fabulae-101-lupus-et-agnus-ubersetzung/ aufgerufen am 01.10.2022

[14] https://www.garten-literatur.de/Leselaube/andersen_entlein.htm aufgerufen am 26.12.2022

[15] https://mbsr-achtsamhochdrei.de/die-alte-frau-und-die-gluecksbohnen/ aufgerufen am 01.04.2023

[16] De Mello, Anthony: „Der springende Punkt. Wach werden und glücklich sein." Herder 2011. S. 71

[17] Ein klasse Buch dazu ist „The body keeps the score" von Bessel van der Kolk.

[18] Pries, Mirriam Dr.med.: "Burnout kommt nicht nur von Stress." Südwest. 2020.

[19] Cloud, H; Townsend, J. "Nein sagen ohne Schuldgefühle. Gesunde Grenzen setzen." SCM Hännssler. 2017. S.169

[20] Parker, Sandra Dr.: Embracing Unrest: Harness Vulnerability to Tame Anxiety and Spark Growth. Page Two Press. 2022.

[21] Ebenda. S. 203, 204 Hervorhebungen von mir.

[22] Ebenda S. 208ff

[23] Hüther, Gerald: Lieblosigkeit macht krank. Ullstein 2022. S.98ff

[24] https://www.dasgehirn.info/entdecken/grosse-fragen/angst-beherrscht-man-nicht-ohne-furcht-zu-kennen aufgerufen am 16.05.2023

[25] Dr. Epel, Elissa: "The Stress Prescription: Seven Days to More Joy and Ease. Penguin Life. 2022. S. 93

[26] Ebenda: S. 203

[27] https://www.tk.de/techniker/magazin/life-balance/wohlbefinden/dankbarkeit-2053330 aufgerufen am 16.05.2023

[28] Lat. Liebe zum Schicksal – i.S. v. Liebe zum Notwendigen und Unausweichlichen (bei Nietzsche als Zeichen menschlicher Größe geltend)